Horst Taleikis

Aktion Funkausstellung

Erinnerungen
in der Neufassung von
Wolfgang Teichmann

Horst Taleikis

Aktion Funkausstellung

**Berliner Studenten 1934
im antifaschistischen Widerstand**

**Erinnerungen
in der Neufassung von
Wolfgang Teichmann**

Mit einem Nachwort von
Waltraud Mehls

Dietz Verlag Berlin 1988

Taleikis, Horst: Aktion Funkausstellung : Berliner Studenten 1934 im antifaschistischen Widerstand : Erinnerungen in d. Neufassung von Wolfgang Teichmann / Horst Taleikis ; Wolfgang Teichmann. Mit e. Nachw. von Waltraud Mehls – Berlin : Dietz Verl., 1988. – 173 S. : 33 Abb.

ISBN 3–320–00960–5

Mit 33 Abbildungen
1. Auflage 1988
© Dietz Verlag Berlin 1988
Lizenznummer 1
LSV 0288
Lektoren: Inge Bandoly/Dietmar Rehschuh
Typographie: Felicitas Schnatmann
Einband und Schutzumschlag: Sepp Zeisz
Printed in the German Democratic Republic
Gesamtherstellung: Offizin Andersen Nexö
Graphischer Großbetrieb, Leipzig III/18/38
Best.-Nr. 738 353 9

1
Das »Atelier« und meine Freunde

Ich wohnte in der Kantstraße. Meine Wohnung lag im obersten Stock, eine luftige Künstlerwohnung. Im Winter leider viel zu luftig. Sie war billig zu haben – damals standen viele Wohnungen leer.

Das war kein Zimmer, das war ein kleiner Saal, der nur drei feste Wände hatte, die vierte Wand und die Decke – ganz aus Glas. Wer zum erstenmal das Zimmer betrat, verstummte und schaute unwillkürlich nach oben, wo die Lichtfülle herkam: Das Dach war sozusagen der blaue Himmel. Man sah die Wolken ziehen, und wenn die Sonne im Zenit stand, schien sie einem direkt auf den Kopf. Die weißen Wände warfen das Licht zurück, deswegen war es hier heller als im Freien. Die wenigen selbstgebastelten Möbel, Tisch, Sessel, Regale, alle zitronengelb lackiert, lagen in schattenlosem Licht.

Es klopfte im bekannten Rhythmus: Emil!

»Hallo, Doktor!« murmelte der Besucher beim Eintreten und zwinkerte mir zu. »Doktor« statt Genosse war Emils neueste Anrede.

»Hab dir was Schönes mitgebracht, kannst du es gut unterbringen?«

»Klar, Doktor!«

Ich zog einen Nagel aus dem Türrahmen heraus, schob ein Brett zur Seite, und in der Wand kam ein schwarzer Hohlraum zum Vorschein.

»Reicht das? Im Vorzimmer ist noch ein Versteck unter den Dielen, da geht zur Not eine Schreibmaschine rein.«

Erich Lodemann, den Verbindungsmann zur KPD, kannte ich nur unter dem Namen »Emil«. Für den Fall einer Verhaftung war es nicht gut, zuviel voneinander zu wissen; man konnte dann bei Mißhandlungen nichts Gefahrbringendes verraten. Mich nannte man »Kürbis«. Das war ein Beiname, den kein Fremder mit mir in Verbindung gebracht hätte, denn ich war eher von mickriger Statur.

Erich Lodemann war Student der Nationalökonomie. Er hatte es 1932 gewagt, dem Referenten der Deutschen Staatspartei (bis 1930 Deutsche Demokratische Partei) Theodor Heuss bei dessen Vortrag an der Hochschule für Politik entgegenzutreten, als dieser behauptete, die Sowjetunion werde in den nächsten Wochen zusammenbrechen. Genosse Lodemann fragte den Redner: »Glauben Sie, daß eine Lüge wahrer wirkt als eine Zeitungsente, bloß weil sie ex cathedra verbreitet wird? Die bürgerlichen Zeitungen behaupten bereits seit zehn Jahren in Abständen immer wieder, daß die Sowjetunion vor dem Zusammenbruch stehe. Sie wird aber dennoch nicht zusammenbrechen, sondern sie wird noch bestehen, wenn man von Ihnen gar nicht mehr spricht!«

Erich Lodemann wurde gewaltsam aus der »demokratischen« Versammlung entfernt. Nicht nur die Genossen gingen mit ihm, auch zwei Nazistudenten folgten ihnen, die sich nach einigen Aussprachen den Roten Studenten anschlossen.

Seit Willi, Wilhelm Girnus, im Konzentrationslager Oranienburg gefangengehalten wurde, vertrat ihn Erich Lodemann, »Emil« – immer aktiv, immer optimistisch und auch in schwierigen Situationen zu einem Witz aufgelegt.

> **Der Preußische**
> **Minister des Innern.**
> II G 1937
>
> Berlin, den 4. Oktober 1933.
>
> Nachdem die kommunistischen Organisationen im Lande zerschlagen sind, versucht ein Rest kommunistischer Hetzer den Aufbau des nationalsozialistischen Staates zu stören. Sie treiben ihre Wühlarbeit insbesondere durch die Verteilung von Handzetteln und aus dem Auslande eingeführter Flugschriften.
>
> Ich befehle allen Polizeibeamten, diesem Treiben mit allen Mitteln entgegenzutreten. Gegen Flugblattverteiler, die sich den Polizeibeamten auf Anruf nicht stellen, ist sofort rücksichtslos von der Schußwaffe Gebrauch zu machen. Polizeibeamte, die in Ausübung dieses Befehls handeln, werde ich decken. Beamte, die durch zaghaftes Vorgehen die wirksame Abwehr derartiger staatsfeindlicher Umtriebe erschweren, haben mit Bestrafung zu rechnen.
>
> Überdrucke für die Herren Landräte liegen bei, die hierdurch angewiesen werden, die kommunalen Ortspolizeibehörden - auch die der kreisfreien Städte - und die Landjägereibeamten mündlich entsprechend anzuweisen.
>
> Von einer schriftlichen Weitergabe dieses Erlasses - auch an die Presse - ist abzusehen.
>
> An
> die Herren Regierungspräsidenten,
> die Herren Polizeipräsidenten,
> das Geheime Staatspolizeiamt.
> Nachrichtlich:
> den Herren Oberpräsidenten.
>
> Göring

Befehl Görings an die Polizei, »sofort rücksichtslos von der Schußwaffe Gebrauch zu machen« gegen Flugblattverteiler, die sich »auf Anruf nicht stellen«, 4. Oktober 1933

Dieser Erlebnisbericht ist vor allem Erich Lodemann gewidmet, der von den Faschisten ermordet wurde. Er soll auch an Wilhelm Girnus erinnern, der über zehn Jahre in Konzentrationslagern um sein Leben kämpfen mußte.

Beim Blättern in den überkommenen Akten des »Tausendjährigen Reiches« wurde in mir die Erinnerung an unseren antifaschistischen Widerstand als Berliner Rote Studenten im Jahre 1934 lebendig. Auch er ist aktenkundig.

Die Roten Studenten an den deutschen Universitäten vor 1933 waren eine relativ kleine Minderheit, die um so aktiver politisch zu arbeiten bemüht war – eng mit der KPD und dem Kommunistischen Jugendverband verbunden.

Relegierungen, Verfolgungen, Emigration der am meisten Gefährdeten hatten unsere Zahl noch mehr zusammenschmelzen lassen. Dennoch setzten wir unsere Kleinarbeit mit Sympathisierenden, unsere Diskussionen in Seminaren und Bibliotheken, die Herausgabe illegaler Zeitschriften und Flugblätter fort.

Manchmal erinnerten wir uns in der mühseligen illegalen Tätigkeit des 1. Mai 1931, als von der Friedrich-Wilhelms-Universität (heute Humboldt-Universität) die rote Fahne wehte, die revolutionäre Studenten gehißt hatten. 1934 glaubten und hofften wir noch, die Herrschaft der Faschisten werde von kurzer Dauer sein, sofern wir nur vereint helfen würden, sie zu beenden.

Rote Studenten im Ausland hielten mit uns Verbindung, versorgten uns mit Material. Sie kamen als »Touristen« aus der Schweiz zu uns, brachten uns Informationen.

Erich Lodemann, um 1940

Emil nickte zufrieden.

»Genau das Richtige für ein gutes Stück wie dieses. Zur Weiterverbreitung empfohlen.«

Er gab mir eine Broschüre mit dem Titel »Gen Ostland wollen wir reiten«. Auf der nächsten Seite stand unvermittelt:

»BRAUNBUCH ÜBER REICHSTAGSBRAND UND HITLERTERROR.«

Emil freute sich über mein verdutztes Gesicht, ging aber sofort zur Tagesordnung über:

»Gleich zu Anfang ist eine Stelle angestrichen, die in unsere Zeitung kommen soll. Hier hast du das übrige Manuskript. Ist dein Artikel fertig? Gut. Noch eins, Kürbis: Das Ganze muß unbedingt bis morgen früh auf Matrizen abgetippt werden, damit wir es gleich vervielfältigen können.«

*

Im engen Lichtkreis der kleinen Lampe Marke »Eigenbau« – Basteln war mein Hobby, und Geld sparte es auch – saß ich an der Schreibmaschine und tippte meinen letzten Artikel auf dem Wachsbogen ab. Bei dieser Arbeit mußte man sich konzentrieren. Man konnte ja den Text kaum lesen, weil das Wachsblatt ohne Farbband beschrieben werden mußte.

Plötzlich klopfte es laut an die Zimmertür. Wer war da in die Wohnung gekommen? Wie konnte jemand in den Flur gelangen, die Wohnungstür war doch zu? Hatte der Türdrücker nachgegeben?

Es war zu spät, darüber nachzudenken. Im nächsten Augenblick flog die Zimmertür weit auf. Braune Uniformen, Hakenkreuzbinden und zerdrückte Käppis wurden sichtbar, Schaftstiefel trampelten herein: vier SA-Leute. Verrat? Haussuchung?

In den Fingern kribbelte es, den Wachsbogen aus der Maschine zu reißen und zu vernichten. Unsinn, dazu war es zu spät. Sitzen bleiben und nur die Ruhe bewahren.

Die Braunen stellten sich im Halbkreis auf. »Heil Hitler!« brüllte der Truppführer und hob den Arm zum Faschistengruß. Die anderen fielen ein, geräuschvoll, aber nicht sehr militärisch.

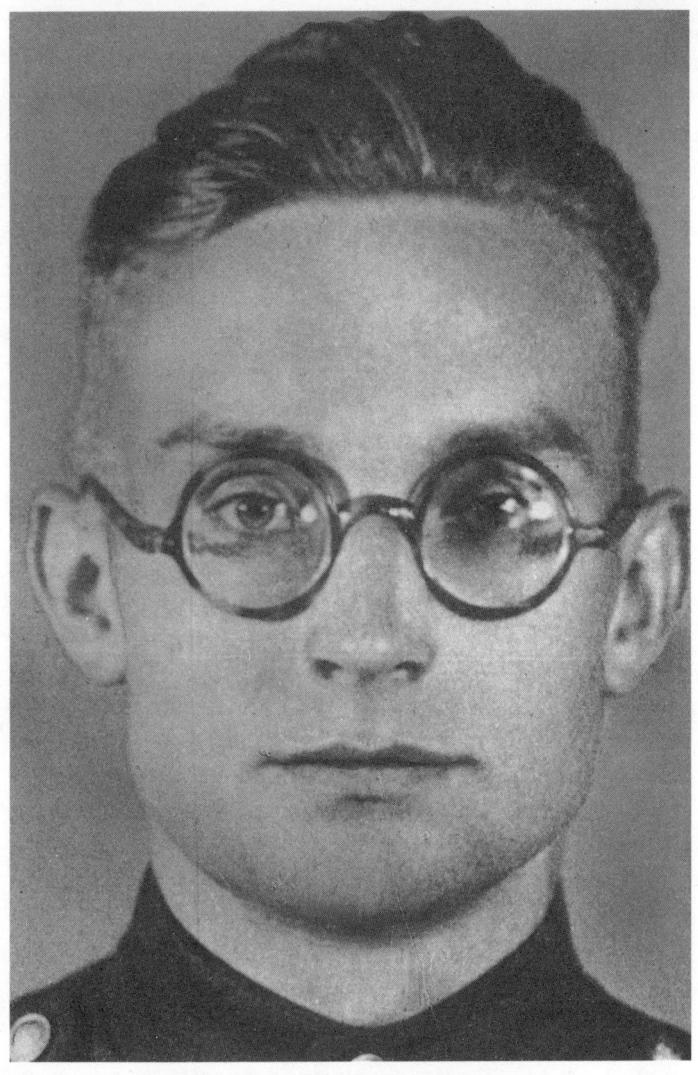

Horst Taleikis, um 1936

»Heil Hitler!« antwortete ich hinter meinem Flugblatttext erleichtert. Wenn die Kerle gekommen wären, um mich zu holen, hätten sie mich ohne weiteres die Treppe hinunter auf die Straße geprügelt. Bestenfalls

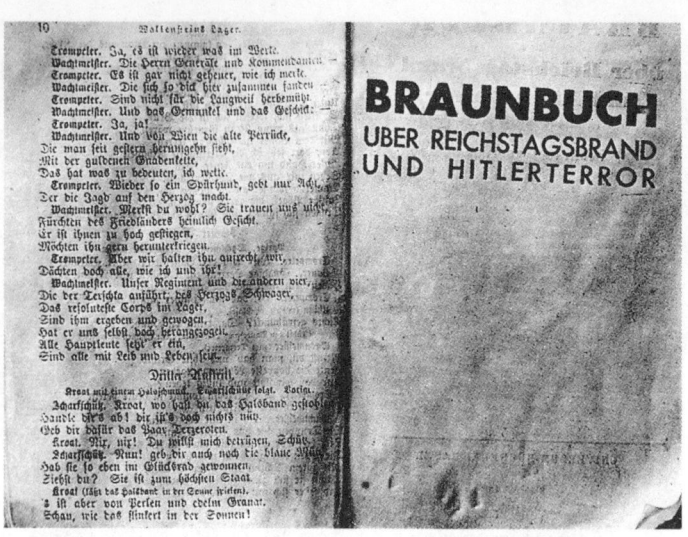

Illegale Ausgabe
des »Braunbuches über Reichstagsbrand und Hitlerterror«

hätten sie zuvor meine Personalien festgestellt. Es war mein Glück, daß ich Ruhe bewahrt hatte.

»Wir sammeln für eine neue Fahne«, erklärte der Anführer mit der üblichen Mischung von Kulanz und Unverschämtheit. »Sie wollen sich doch sicher beteiligen!«

»Bitte sehr«, antwortete ich stirnrunzelnd, »warum nicht?«

Betont langsam zückte ich mein Portemonnaie und legte dem SA-Mann ein Markstück in die hingehaltene Hand, auf die sich vier Augenpaare hefteten.

Wie auf Kommando schlugen sie die Hacken zusammen. »Heil Hitler!« Offenbar zufrieden, polterten sie zur Tür hinaus.

Nachdenklich sah ich ihnen nach. Was nützen die schönsten Verstecke, wenn die Ateliertür nicht richtig schließt? Vom Hauswirt konnte ich bei der billigen Miete keine Hilfe erwarten. Aber wozu war ich Bastler?

Eine weitere Sammelaktion mußte ich wohl nicht mehr befürchten, und ich schrieb den Text zu Ende.

Das eben Erlebte veranlaßte mich zu der Ergänzung: »Zum Teufel mit dem braunen Gesindel, bevor es zu spät ist!«

Als ich mich anschließend dem Türschloß widmete, trat mein Nachbar Friedrich Gäbel, seines Zeichens Pressezeichner, an mich heran.

»Mensch!« flüsterte er nervös. »Ich dachte schon, die kommen mich holen.«

»Wieso? Sie haben doch nichts verbrochen!«

»Heutzutage kann man nie wissen ...«

Friedrich wandte sich der Treppe zu.

»Ich muß erst mal einen Doppelten zur Brust nehmen! Wetten, daß ich die vier Burschen unten in der Kneipe wiedertreffe?«

»Sammeln?«

»Saufen! Was meinen Sie denn, wofür die Geld sammeln, obendrein noch ohne Sammelliste! Von wegen Fahne!« Gäbel machte die Bewegung des Glaskippens.

*

»Das war ein Schreck in der Abendstunde.« Mit diesen Worten schloß ich meinen Bericht, als ich am nächsten, ungeduldig erwarteten Abend Ruth abholen und nach Hause begleiten durfte – Ruth Ansbach, das mit Abstand beste Mädchen der Welt. Sie war klein und zierlich und hatte große dunkle Augen. Alles an ihr war echt und ohne Aufmachung: das glatte braune Haar und die frische Gesichtsfarbe, die gerade Haltung und der offene Blick.

»Pym« hieß sie unter Freunden. Sie hatte einmal ihren Namen mit kyrillischen Buchstaben geschrieben, und alle fanden, daß sie sich selbst einen hübschen Spitznamen zugelegt hatte.

Die Studentin Ruth Ansbach hatte wegen der faschistischen Reglementierung der geisteswissenschaftlichen Fächer das Studium der Germanistik und Geschichte aufgegeben und sich eine Bürostelle gesucht. Sie wollte ihren Eltern, die wie so viele in dieser Zeit hart um ihre

Ruth Ansbach, 1938

Existenz ringen mußten, keine weiteren Opfer zumuten. Außerdem konnte sie sich als jüdische Studentin fast ausrechnen, wie lange man sie an der Universität noch dulden würde.

Auszusetzen hatte ich an ihr nur eins: daß sie immer zu wenig Zeit für mich hatte. Nach Feierabend war sie für die Partei unterwegs. Selten kam ich dazu, ihr alles zu berichten, was sich an Neuigkeiten angesammelt hatte. Ich begann: »Der Genosse, für den ich die Matrizen tippe, du, das ist ein großartiger Kerl. Witze gehen dem nie aus.«

Ruth schaute hoch, mit ihrem raschen Augenaufschlag, der mich jedesmal von neuem in Verwirrung brachte.

»Ach, du sprichst von Emil! Witze macht der nur so nebenbei. Er hat viel zu tun. Man muß staunen, wie er alles schafft. Wenn du ihm ein bißchen Arbeit abnehmen kannst, ist das gar nicht so schlecht. Nur, sei vorsichtig, Lieber!«

Die Ermahnung wurde mit einem leichten Klaps auf

meinen Arm begleitet. Ruth gab sich mir gegenüber gern mütterlich. Ich wollte ihr das Netz abnehmen. Aber sie gab es mir nicht. Es störte mich, daß sie es stets bei sich hatte.

Die Fahrt quer durch Berlin konnte von mir aus immer ruhig länger dauern. Wenn Ruth nicht aufgepaßt hätte, wären wir sicher am Umsteigebahnhof Westkreuz vorbeigefahren.

Vom Bahnhof Tempelhof ging es dann zum Flugplatz hinunter, und endlich kam das schönste Stück Weg: der einsame, halbdunkle Pfad zur Siedlung, hinter den Häuserreihen entlang.

Er hieß im Volksmund »Dungweg«, dem Geruch nach zu urteilen eine durchaus sachliche Bezeichnung. Mir klang der Name poetisch.

An der dunkelsten Stelle blieb Ruth stehen. Sie wendete sich mir zu und legte mir die Hände auf die Schultern.

»Mein Guter«, sagte sie dann besorgt, »jetzt bei Emil wirst du wohl eine Menge zu tun bekommen. Versprich mir, daß du nicht wieder so leichtsinnig bist wie mit deiner Wohnungstür!«

»Ach was, wir passen schon auf«, entgegnete ich forsch. »Bloß, daß du eine gefährliche Arbeit machst, von der ich so gar nichts weiß, gefällt mir nicht. Wäre es nicht das vernünftigste, einfach aus Deutschland abzuhauen? Wer weiß, was die Rosenberg und Konsorten mit dir und deiner Familie noch vorhaben ... Ruth, Mädchen, wir fahren irgendwohin, wo man noch als Mensch leben kann ...«

»Schön wär's ...«

»Also machen wir's doch, solange noch Zeit ist!«

»Ach, Horst, du weißt ja selber, daß es nicht geht. Wir können nicht einfach die Arbeit hinschmeißen, die Genossen im Stich lassen und losfahren, solange es noch einen Funken Hoffnung gibt, daß wir das Rad herumreißen können ... Dafür sind wir schließlich Kommunisten!«

Dieser Satz hat mich Jahrzehnte hindurch begleitet. Keiner von uns beiden ahnte damals, daß es unser letzter gemeinsamer Spaziergang in Nazideutschland war ...

*

Am nächsten Tag klingelte es an meiner Ateliertür Sturm. Das mußte Beate sein. Und sie war es. Sie beeindruckte durch ihr Äußeres: ein kluges Gesicht mit großen graugrünen Augen und dichtes dunkelblondes Haar, das in Wellen fiel. Sie ging recht einfach gekleidet, aber alles an ihr sah elegant aus. Wenn sie etwas vorhatte, bevorzugte sie ihr graues Kleid und den grünen Mantel. Dazu spielte sie lässig mit einem grünen Handschuh, den anderen hatte sie verloren. Sie wußte um ihre Wirkung und nutzte sie für unsere gute Sache.

Beate also platzte mit roten Wangen und singender Stimme ins Atelierzimmer.

»Zeig mal deinen Kleiderschrank!«
Von Vorreden hielt sie nicht viel.

Verdutzt führte ich sie ins Vorzimmer, das fast zur Hälfte von einem alten großen Schrank ausgefüllt war, einem Prachtstück, reichlich mit Schnitzereien verziert. Als krönenden Aufsatz trug er einen stattlichen Adler mit ausgebreiteten Flügeln.

»Interessierst du dich für alte Möbel?« fragte ich und zeigte stolz auf die Inschrift in Brandmalerei: »Anno domini 1837.«

Beate machte bereits ungeniert die quietschenden Türen auf und meinte lakonisch: »Nein, nur für deine Garderobe!«

Sie holte alles heraus, was auf den Bügeln hing. Viel war es nicht: drei Anzüge – ein gutes Stück, ein Straßenanzug und ein recht abgewetzter blauer Anzug.

Beate begutachtete den Ausgehanzug wohlwollend von allen Seiten. »Der ist gerade richtig«, sagte sie und legte ihn zurecht.

»Der hier ist wohl noch von der Schulentlassung?« fragte sie abschätzig. Sie meinte den blauen. Dann kam der mittlere dran. »Der ist auch ganz brauchbar«, sagte sie gedankenvoll. Sie musterte erst die Jacke, dann mich, zögerte etwas und reichte mir schließlich den Bügel mit dem Anzug. »Den kannst du behalten. Du mußt schließlich auch etwas anzuziehen haben.«

»Wie?« fragte ich verwirrt.

»Das andere wird gebraucht, dringend gebraucht, mein Lieber. Aus dem KZ sind ein paar Genossen gekommen. Sie haben buchstäblich nichts.«

Sie streckte den Arm mit dem blauen Anzug aus und neigte den Kopf prüfend zur Seite.

»Die Ärmel sind an den Rändern durchgescheuert, aber das macht nichts. Man kann sie kürzen, und dann paßte die Jacke gerade dem Kleinsten. Er ist noch kleiner als du, Kürbis! Also, pack das, bitte schön, ein!«

»Wie Madam befehlen!« erwiderte ich mit Galgenhumor.

Während ich das Paket verschnürte, betrachtete Beate eingehend den Stapel von Büchern und Kolleghenen auf dem Tisch.

»BGB-Kommentare, Urheberrecht – du schreibst wohl eine Hausarbeit?«

»Allerdings«, seufzte ich, »bis Montag!«

»Dann halt dich ran!« ermunterte mich Beate, die ihr Medizinstudium sehr ernst nahm. »Emil gibt sich auch große Mühe – trotz der vielen politischen Arbeit.«

Beate geriet ins Schwärmen: »Emil – weißt du, das ist so ein großer Neufundländer, so ein zuverlässiger, mit Schlappohren!«

Sie hatte eine ungenierte Art, Freunde und Bekannte mit Hunden zu vergleichen. Der eine erinnerte sie an einen Mops, der andere an einen Dackel.

»Und was für einer bin ich?« fragte ich neugierig. Für meine Kleiderspende hoffte ich wenigstens auf einen halbwegs schmeichelhaften Vergleich.

»Du?« Beate sah mich abschätzend an. »Du bist so ein zottiger, gefleckter ...«

»Bernhardiner?« half ich erwartungsvoll nach.

»Na!« Beate lachte. »Von wegen Bernhardiner! Ein Drahthaarterrier bist du, einer von diesen ulkigen Kerlen mit Wuschelkopf, die immer so lustig an der Leine hochspringen.«

Ich drückte ihr die Paketschnur in die Hand.

»Da hast du deine Leine. Erwarte bloß nicht, daß ich noch vor Freude daran hochspringe.«

*

Für drei Uhr c. t., also 15 Uhr 15, war ich aufs Rektorat bestellt. Der Sekretariatsbeamte warf nur einen kurzen Blick auf die Vorladung.

»Warten Sie nebenan.«

Im Vorzimmer saßen dreißig oder vierzig Studenten bemerkenswert still auf langen Bänken. Ein Hagerer mit Brille, der in ein Lehrbuch vertieft war, sah flüchtig auf, als ich mich neben ihn setzte.

»Was gibt's denn? Wozu sind wir herbestellt?« fragte ich ihn.

Der Hagere zuckte mit den Schultern.

»Es wird so allerhand vermutet«, gab er zur Antwort und sah wieder in sein Buch.

Die Flügeltür ging auf, ein Schub von etwa vierzig Studenten kam aus dem Saal – unsere Vorgänger. Keiner sah uns an, keiner sprach ein Wort. Besonders erfreut sehen die nicht aus, dachte ich im stillen.

»Die für fünfzehn-fünfzehn geladenen Kommilitonen bitte«, rief ein schneidiger junger Mann, der hinter einer schweigsam abgehenden Gruppe erschien.

Alles erhob sich und ging ohne Eile ins Auditorium. Auf dem Katheder saß ein etwa Dreißigjähriger in elegantem hellem Anzug und ließ die Blicke über die Hereinkommenden schweifen.

Der schneidige junge Mann, der die Vorladungen eingesammelt hatte, trat auf ihn zu, nahm Haltung an und meldete:

»Sechsunddreißig Mann, Herr Major!«

Berliner Universität

Der winkte ärgerlich ab. Das Auditorium horchte auf.

»Also, meine Herren Studenten«, schnarrte der Mann, der nicht als Major angesprochen werden wollte, »ist Ihnen vielleicht schon etwas über den Zweck unserer Zusammenkunft bekannt?«

»Klar!« kam eine Stimme aus dem Hintergrund. »Wir sollen doch zum Militär!«

Der Major sprang vom Katheder.

»Soso!« fauchte er. »Unerhört! Das ist Staatsgeheimnis! Wer darüber spricht, macht sich strafbar. Landesverrat! Das gilt auch für Sie, meine Herren!«

Dann fuhr er bedeutend milder fort, nicht mehr im Kasernenhofton, fast mit normaler Stimme:

»Also, es geht um Ihre Ausbildung für das Offizierskorps der Reichswehr. Formell sind da ja noch die Bestimmungen des Versailler Diktats in Kraft. Sie verstehen, meine Herren – eine öffentliche Werbung kommt daher nicht in Betracht. Na, das wird sich sehr bald ändern. In erster Linie brauchen wir Berufsoffiziere, eine sichere Lebensversorgung, meine Herren, was man von den akademischen Berufen nicht immer sagen kann. Die Waffengattung dürfen Sie sich selber aussuchen. Kriegsmarine allerdings begrenzt, Luftwaffe und Panzertruppe bevorzugt.«

Mit einem Seitenblick sah ich, wie manch einer seinen Kopf schwer auf die Fäuste stützte, wie wenn man in der Schule nicht aufgerufen werden wollte.

Offenbar hatte es der Werbeoffizier auf die Minderbemittelten unter den Studenten abgesehen. Das »Dritte Reich« und seinen »Führer« erwähnte er mit keinem Wort, vermied auch den üblichen Nazijargon. Um so mehr redete er von Bezügen und Beförderungsaussichten.

»Unter uns gesagt«, meinte er vertraulich, »ist es für Sie bestimmt sehr ratsam, wenn Sie sich jetzt zum Dienst melden. Früher oder später werden Sie sowieso eingezogen, eher früher, möchte ich sagen, und als Offizier sind Sie bedeutend besser dran.«

Nach einer kleinen Kunstpause wurde er dann »politisch«: »Wir müssen uns alle klar darüber sein: Unsere großen weltgeschichtlichen Aufgaben – Neuordnung Europas, Kolonien und so weiter –, das alles steht unmittelbar auf der Tagesordnung. Also, wer meldet sich?«

Keiner rührte sich. Man wollte sich auf alle Fälle nicht sofort festlegen, erst einmal abwarten. Eigentlich hatte man sich die akademische Zukunft etwas anders vorgestellt. Vielleicht zeigte auch unsere Agitation und Propaganda ihre Wirkung.

Der Major schlenderte mürrisch, mit seinen Formularen wedelnd, durch die Reihen. Niemand meldete sich.

»So ein Sportsmann wie Sie – Sie sind doch der geborene Offizier!« wandte er sich aufmunternd an meinen Nachbarn, den Hageren mit dem Lehrbuch.

Der »geborene Offizier« zuckte nur mit den Schultern und breitete bedauernd die Arme aus. In der Linken hielt er nach wie vor das Buch, den Zeigefinger als Lesezeichen benutzend.

»Und Sie?« rief der Werber in meine Richtung.

»Bin im achten Semester, grad vor dem Staatsexamen.«

Unwirsch drehte er sich um und sagte dann, sich an alle wendend: »Na, lassen Sie sich die Sache noch mal schön durch den Kopf gehen!« Seine Stimme nahm wieder einen drohenden Ton an: »Und denken Sie daran: Zu niemandem ein Wort über unsere heutige Unterredung.«

In bedrücktem Schweigen gingen wir hinaus, ohne einander anzusehen, geschweige denn unsere Nachfolger, die erwartungsvoll im Vorraum saßen.

*

Müde vom Herumlaufen kam ich nach einem arbeitsreichen Tag nach Hause. An der Tür schnell einen Blick in den Briefkasten. Nichts. Kein Brief von Ruth, nicht der kleinste Zettel. Also nicht genug, daß sie mich vorgestern versetzt hatte, sie hielt es offenbar nicht einmal für nötig, Bescheid zu geben.

Niedergeschlagen setzte ich mich an meinen Arbeitstisch – eine ans Fensterbrett genagelte gelb lackierte Platte –, schlug die Beine um das einzige, etwas wacklige Stützbein und machte mich seufzend daran, einen Artikel zu schreiben, den Emil bestellt hatte: »Geheime Werbung für die Reichswehr an der Uni.«

Ich kaute unlustig am Bleistift und starrte ins Leere. Zu dumm, daß ich nicht an Ruth schreiben, sie nicht besuchen sollte.

Da klingelte es dreimal. Endlich, dachte ich, das ist sie!

Im halbdunklen Treppenflur stand Beate.

»Komm rein!«

Vor Enttäuschung fiel mir nicht auf, wie still sie heute war. Ich überspielte meine Enttäuschung mit Geschäftigkeit.

»Schön, daß du da bist! Wir haben allerhand zu beraten. Erstmal werde ich dir einen Kaffee brühen, in dem der Löffel aufrecht stecken bleibt.«

Der kleine Gaskocher flammte auf.

»Weißt du denn noch gar nichts?« Beates Stimme klang leise in meinem Rücken. Ich drehte mich um und sah in ihr ernstes Gesicht.

»Was denn?«

»Ruth ist verhaftet.«

Eine überfüllte Untersuchungszelle tauchte vor meinem geistigen Auge auf. Ruth bei der Gestapo – das durfte einfach nicht wahr sein!

»Unsinn!«

»Doch, leider. Die ganze Gruppe ist hochgegangen.«

»Wann?«

»Vorgestern abend.«

«Vorgestern abend war ich doch mit ihr verabredet«, gab ich hastig zurück, als ob das der schlagendste Beweis dafür wäre, daß alles nicht wahr sein konnte. »Um halb neun«, fügte ich noch hinzu.

»Da war sie schon ..., da konnte sie nicht mehr kommen. Um acht ist es passiert. Bahnhof Wedding.«

»Vorläufig«, sagte Beate heiser, räusperte sich und fuhr dann betont zuversichtlich fort, »vorläufig wissen wir nicht viel Bestimmtes. Aber die Genossen sagen, möglicherweise hat sie kein Material bei sich gehabt. Dann können sie ihr nichts nachweisen.«

Als ob die Nazis jemand etwas nachweisen müßten, zumal wenn es sich um eine »Nichtarierin« handelte!

»Wir versuchen alles, was sich machen läßt. Mit einem Rechtsanwalt haben wir auch schon gesprochen. Er sagt, vielleicht kann man sie irgendwie rausholen ...«

Ich ließ Beate reden, hörte kaum noch zu.

»Armer Junge«, sagte sie schließlich, stand auf und drückte mir die Hand.

»Beate, hat Ruth vielleicht etwas gemacht, was eigentlich ich erledigen sollte? Ist sie dabei hochgegangen?«

»Nein, nein«, antwortete sie eifrig. »Mit dir hat das gar nichts zu tun.« Offenbar war sie froh, mich wenigstens etwas beruhigen zu können.

»Sobald wir was hören, kriegst du Bescheid!«

Ich brachte sie zur Tür, schloß ab, warf mich auf die Liege und vergrub den Kopf in die Kissen.

Die Erinnerungen ...

Ein alltäglicher Stehkonvent der Roten Studenten im Foyer der Universität, noch vor der Nazizeit. Im Kreis der Genossen trifft mich von gegenüber ein Blick aus dunklen Augen – ein unvergeßlicher Augenblick. Unsere erste Begegnung ...

Ein Bild vom vergangenen Winter, im verschneiten Wald. Ruth auf Skiern, mit Pudelmütze und Fausthandschuhen. Ein steiler Abhang, ein herausfordernder Blick – und ab geht's in sausender Fahrt, daß der Pulverschnee hoch aufstiebt ...

*

Herbert besuchte mich, Ruths Bruder. Kurz vor dem Abitur war er relegiert worden, weil er – nach der »Machtübernahme« bereits – im Hof der ehemaligen Karl-Marx-Schule in Neukölln eine Versammlung des Sozialistischen Schülerbundes veranstaltet hatte.

Im Sommer 1933 war er nach Paris getrampt, um Artur Becker bei der Vorbereitung des Weltkongresses der Jugend gegen Krieg und Faschismus zu helfen. Obwohl er nach Deutschland zurückkehren wollte, lief er auf Straßen und Plätzen mit der Sammelbüchse herum, um auch bei der finanziellen Vorbereitung des internationalen Treffens behilflich zu sein. Die vierköpfige französische Arbeiterfamilie, die dem deutschen Gast einen von ihren zwei Räumen zum Schlafen und Arbeiten zur Verfügung gestellt hatte, warnte ihn vor der Rückkehr nach Nazideutschland.

Herbert war auf alles gefaßt, so sehr, daß er vor der Heimfahrt Artur Becker bat, ihm auf alle Fälle eine Pistole zu besorgen. Genosse Becker legte ihm den Standpunkt der Partei zum individuellen Terror dar und gab ihm eine Waffe von weit größerer Brisanz mit auf den Weg: zwanzig Braunbücher über den Reichstags-

Herbert Ansbach, 1938

brand, in Dünndruck, um sie besser transportieren zu können.

Eines dieser Bücher, das Herbert einem ehemaligen SPD-Mitglied, einem Polizeibeamten, anvertraut hatte, half ihm in der Tat besser als ein Browning: Der sozialdemokratische Genosse warnte ihn am Abend vor der drohenden Verhaftung.

Ab Herbst 1934 war Herbert Ansbach politischer Leiter des Unterbezirks Südost des Kommunistischen Jugendverbandes. Er arbeitete an der illegalen Zeitung »Die Junge Garde« mit, wurde von Bruno Baum angeleitet. Groß war Herberts Einsatzbereitschaft, obwohl er an einem schweren Herzleiden laborierte.

»Natürlich sind sie durch einen Spitzel aufgeflogen«, sagte Herbert beim Eintreten. »Einen nach dem anderen haben sie aufgegriffen, Ruth auf dem Bahnhof, als sie gerade abfahren wollte. Sie versuchte noch, ihr Netz in den Zug zu werfen, aber man riß es ihr aus der Hand.«

»Das schwarze Einkaufsnetz, mit dem sie immer herumlief?« fragte ich.

»Du bist naiv, natürlich war es immer ein anderes. Das ist ein alter Trick: Zwei Mädchen kommen wir zufällig zur selben Zeit mit gleichen Einkaufstaschen oder -netzen in ein Geschäft und vertauschen sie unbemerkt, ohne ein Wort zu sagen.«

Herbert schilderte den Hergang der Verhaftung:

»Zufällig war ein junges Mädchen neben Ruth, das einen Riesenkarton mit Zigaretten bei sich trug.«

So transportierten damals kleine Zigarettenhändler ihr Sortiment per S-Bahn.

»Das junge Mädchen wurde auch verhaftet und der Karton geöffnet. Es gab Proteste bei den Fahrgästen.«

Ruth nutzte der Irrtum der Gestapo nichts, sie konnte in dem Wirrwarr lediglich eine Adresse vernichten, die sie bei sich hatte – Unvorsichtigkeiten begingen wir damals alle. Wir waren von einem Tag zum anderen illegale Widerstandskämpfer geworden, ohne darauf vorbereitet gewesen zu sein.

»Was sagt Ruths Rechtsanwalt?«

»Er gibt sich sehr zuversichtlich. Das wichtigste ist, daß man sie in Untersuchungshaft genommen hat.«

Das hieß also, sie war nicht mehr bei der Gestapo. Das Allerschlimmste hatte sie dann wohl hinter sich.

Nach dem Krieg erzählte mir Ruth, daß einige ältere Polizeibeamte – ehemalige SPD-Genossen vermutlich – sie fast väterlich behandelt hätten. Tenor: Aber Mädel, wie kannst du dich bloß auf so etwas einlassen ...

»Im ganzen haben sich alle Verhafteten vernünftig verhalten, nicht bestritten, was nicht abzustreiten war, und alles als möglichst harmlos hingestellt. Ruth gilt als unbedeutende Figur. Der Anwalt sagt, sie kann mit einem halben Jahr davonkommen«, fuhr Herbert in seinem Bericht fort.

Ein halbes Jahr – das wäre noch zu ertragen!

Dann hockten Herbert und ich im kleinen Vorzimmer, das als Dunkelkammer diente. Das glasüberdachte Atelier nebenan war von Frühlingssonnenschein überflutet. Dafür war es hier in der Kammer um so dunkler. Man mußte sich erst langsam daran gewöhnen, damit man in der Enge nicht die Geräte umstieß oder in die Wannen und Schalen voll Wasser, Entwickler und Fixierbad hineintappte, die überall herumstanden.

Mit hochgezogenen Augenbrauen betrachtete Herbert einen Filmstreifen. »Da ist ja überhaupt nichts drauf, alles schwarz«, brummte er skeptisch.

Unbeeindruckt spannte ich den Film in den Vergrößerungsapparat ein. Auf dem Tisch leuchtete das Projektionsbild in Postkartenformat auf.

Mein »Assistent« stieß einen leisen Pfiff aus: Reihenförmig ausgerichtet, erschienen lauter Pünktchen auf dem weißen Hintergrund. Ein unmerkliches Drehen an einer Schraube des Gerätes, und sie verschwanden. Mit angehaltenem Atem beugten wir beiden Bebrillten uns über den Projektionstisch und fingerten so lange an der Scharfeinstellung herum, bis winzige Buchstaben flimmernd, aber deutlich hervortraten.

Wir machten einen Probeabzug: Licht aus. Ein Blatt Papier aus der knisternden Hülle genommen und in den Rahmen gespannt. Licht an. Abzählen: einundzwanzig, zweiundzwanzig, dreiundzwanzig, vierundzwanzig! Ausschalten. Das Blatt in die Entwicklerwanne. Zwei Minuten schwappte es in der Schale, blieb aber ganz weiß, nur von der Lampe rosa angehaucht. Dann aber trat kaum erkennbar ein Schatten hervor und breitete sich aus.

»Es wird!«

Rasch überzog sich das Papier mit leichtem Grau. Jetzt schnell spülen und ins Fixierbad. Hastig packten wir alles lichtempfindliche Material weg und warteten ungeduldig, bis die Probe notdürftig fixiert war.

Nach knapp fünf Minuten wurde das Blatt aus der Schale gefischt. Wir tasteten nach dem Türdrücker. Aus dem Atelierzimmer drang so helles Sonnenlicht, daß wir unwillkürlich die Augen zukneifen mußten.

»Großartig!« Herbert vergaß seine Beherrschtheit und strahlte über das ganze Gesicht. Auf dem nassen Abzug trat jeder Buchstabe der Zeitung winzig klein, aber sauber, wie gestochen, hervor. Acht eng beschriebene Schreibmaschinenseiten, auf ein Blatt in Postkartengröße zusammengedrängt.

Lesen konnte man es allerdings nur mit der Lupe:

»Arbeiter bei Lorenz wehren sich gegen Antreibermethoden, Siemenskonzern verschlechtert Akkordsätze.«

Die Zeichnungen und handgeschriebenen Überschriften waren in der Verkleinerung sogar noch schöner geworden.

Sehr angetan von unserem Erfolg, schlossen wir uns wieder in die provisorische Dunkelkammer ein. Jetzt ging es in konzentriertem Schweigen an die Serienproduktion. Ich bediente den Vergrößerungsapparat, Herbert die Wannen. Immer je vier Sekunden belichten, dann in den Entwickler. Regelmäßig wie ein Blinkfeuer flammte das Lichtbündel auf und verschwand. Man hörte nur Schalter knacken, Papierrascheln und leises Planschen in den Entwicklerwannen.

Dann lagen die letzten Blätter in der Spülwanne. Wir konnten die Tür zum Atelier aufmachen und die Blätter zum Trocknen ausbreiten. Tisch und Liege waren bald voll davon, auch der Fußboden war mit Abzügen bedeckt. In der trockenen Wärme des Ateliers wurden sie zusehends spröde und wölbten sich.

Plötzlich – uns beiden blieb die Luft weg – klopfte es.

»Machen Sie doch mal auf!«

Ich atmete auf. Es war die Stimme von Nachbar Friedrich, dem Zeichner.

»Moment bitte, ich bin gerade beschäftigt!«

»Ich wollte Ihnen nur etwas erzählen!«

Friedrich Gäbel, Selbstporträt 1933

In größter Eile rafften wir die nassen und halbtrockenen Abzüge zusammen und legten sie in einen Kasten.

Heftig gestikulierend, den obligaten Zigarrenstummel qualmend, polterte Friedrich Gäbel herein.

»Haben Sie das gehört? Da schreibt eine englische Zeitung ...«

Verständnislos starrte er auf den Fußboden: überall kleine viereckige feuchte Flecke.

Er sah uns beiden in die puterroten Gesichter, und seine Stimme versickerte förmlich: »Ich störe hier wohl ...«

»Ach wo. Sie hatten doch etwas Wichtiges?«

In der damaligen Situation freute uns jede Kritik am Naziregime, jede entlarvende Nachricht. Friedrich und Herbert kannten sich ja inzwischen.

Der Zeichner aber blies eine große Rauchwolke aus und blinzelte uns an.

»Das eilt gar nicht, was vorgeht, geht vor. Zeit ist heute mitunter wichtiger als Geld ...«

Spach's und verschwand.

Eine Stunde später waren die widerspenstigen Blätter zusammengepreßt und die ganze Auflage in der Aktentasche verstaut. Nicht nur Zigarettenhändler lieferten per S-Bahn.

Sehr zufrieden verließ Herbert mein Atelier. Seine Jugendgruppe übernahm die Verteilung.

2
Erste Begegnung mit Willi

Unerwartet wie immer kam Beate. Auf der Schwelle zum Atelierzimmer blieb sie stehen und starrte auf die hohe, weißgetünchte Wand. Dort hing neuerdings, vom Oberlicht effektvoll angeleuchtet, ein blanker, bleistiftstarker Messingdraht, schwungvoll zu einem meterhohen Mädchenprofil gebogen.

»Ruth!« rief Beate impulsiv. »Fabelhaft, wie du das hingekriegt hast!«

Bisher hatte niemand erraten, wen das Kunstwerk darstellen sollte. Herbert hielt nicht mit Bemerkungen wie »Monumentalfimmel« zurück.

»Wun – der – bar!« sagte dagegen Beate, jede Silbe betonend, und das war wie Honig für den Amateurkünstler.

Dann aber kam sie zur Sache: »Sag mal, hat deine Wohnung einen zweiten Ausgang?«

»Wieso? Ach, du meinst wie bei ›besseren Leuten‹ – Extraaufgänge ›Nur für Herrschaften‹ und ›Für Dienstboten und Lieferanten‹?«

»Für wen auch immer – bloß sicher muß er sein!«

»Nein, leider, so etwas haben wir hier nicht zu bieten. Aber eine Feuerleiter ist da!«

»Eine Feuerleiter?« Beate war begeistert. »Zeig mal!«

Sie ließ sich auf den langen, schmalen Balkon vor der großen Glaswand führen. Mit einem kleinen Schrei hielt sie sich an dem dünnen, schwankenden Geländer fest, als sie hinunterblickte.

»Wie unheimlich!«

»Das hier ist die Leiter«, erläuterte ich am anderen Ende des Balkons. Bisher hatte ich das Gerüst von verrosteten Sprossen nur recht mißtrauisch von weitem beäugt. Unter Beates Blicken aber schwang ich mich forsch über das Geländer und turnte ein Stück abwärts. Glücklicherweise wollte Beate keine Mutprobe.

»Kürbis, komm rauf!« rief sie ängstlich, und ich ließ mir das nicht zweimal sagen.

»Aber die grüne Wand ist wirklich herrlich!«

Die von unten bis oben von wildem Wein überwachsene Hauswand gegenüber war der schönste Schmuck des Ateliers – ein Blick ins Grüne!

»Also Ausblick und Ausstieg sind in Ordnung. Wie steht es mit den Nachbarn?«

»Rechts und links sind lauter Künstler, alle eher links. Und den Gäbel kennst du ja!«

Jetzt schaute sich meine Besucherin bei mir um wie bei einer Wohnungsbesichtigung, prüfte Gasherd und Wasserleitung, steckte ihre Nase ins dunkle Vorzimmer.

»Willst du dich bei mir häuslich niederlassen, Beate?« fragte ich. »So eine nette Untermieterin verirrt sich nicht alle Tage hierher.«

Beate winkte ab. »Ich bring dir einen Gast, einen Genossen, der für ein paar Wochen untertauchen muß und Ruhe braucht. Sei um vier zu Hause.«

Um vier Uhr war ich noch eifrig mit Ordnen und Saubermachen beschäftigt. Für wen sollte ich die Bude in Schuß halten, seit Ruth nicht mehr kam? Jetzt sah die Sache natürlich anders aus.

Es klingelte. Hinter Beate stand ein unauffällig in einen grauen Staubmantel gekleideter junger Mann. Er tippte an den Hutrand, gab mir die Hand und betrachtete mich prüfend durch die große, dunkel umrandete Hornbrille.

»Erkennst du ihn nicht?« fragte Beate gespannt. »Na, das ist ja prima!« Und sie erklärte: »Das kommt von der

Wilhelm Girnus, um 1934

Brille. Die haben wir ihm extra besorgt, echtes Fensterglas. Er braucht sie für die Arbeit, haben wir dem Optiker gesagt.«

»Stimmt ja auch«, setzte der Fremde hinzu. »In unserem Beruf hat man eben mit gefährlichen Sachen zu tun, die ins Auge gehen können.«

Die Stimme mit dem harten Tonfall kam mir bekannt vor.

Der Unbekannte nahm Hut und Brille ab – wirklich, es war Willi.

»Mensch, Willi!« rief ich. »Und wir dachten, du bist im Konzentrationslager!«

»War ich auch. Bis heute früh. KZ Oranienburg.«

»Du siehst auch so aus – so dünn und blaß! Wie bist du denn freigekommen?«

»Aus Versehen.«

»Bei den Nazis war es ein kleines Versehen«, Beate lachte, »bei den Genossen im Lagerbüro, die seinen Namen auf die Entlassungsliste schmuggelten, allerdings nicht.«

Sie schäumte geradezu über vor Freude, wie wir alle, wenn uns irgendwie ein kleiner Sieg über die erdrückende faschistische Übermacht gelungen war. Willis Freude war ebenso groß, er zeigte sie nur nicht. Zuviel lag hinter ihm ...

Willi war mit seinen achtundzwanzig Jahren unter uns schon so etwas wie ein »bemoostes Haupt«. Bis 1933 war er Studienassessor gewesen.

Wir hatten große Achtung vor diesem »gestandenen Mann«, aber wir versuchten, sie hinter dem burschikosen Ton zu verbergen, der unter uns üblich war.

»Wie lange warst du im KZ, Willi?«

»Ein Dreivierteljahr.«

»Weißt du da überhaupt, was inzwischen in der Welt passiert ist?«

»Wir hatten auch unsere Informationen – von links und rechts.«

Ich nahm die Gelegenheit wahr, mich mit unserem bewährten Genossen zu beraten:

»Die große Streitfrage bei uns ist jetzt: Soll man bei dem Naziterror an den Universitäten noch etwas unternehmen oder lieber erst einmal abwarten?«

»Wer bringt bloß solche Fragen auf! Im KZ gab es darüber keine Diskussion. Die Frage kann doch nur heißen: Wer – wen?«

»Genau das wollte ich von dir hören, Willi!«

*

Am Eingang zur Universitätsbibliothek stand ein Bücherkarren. Eins von den üblichen Wägelchen, auf denen abgegriffene Bücher aneinandergereiht und übereinandergestapelt waren: Lehrbücher der Biologie, Reclamheftchen, anatomische Atlanten, Kriminalschmöker, zerlesene Romane aus dem vergangenen Jahrhundert und das Große Ägyptische Traumbuch.

Der Karren war meist von Studenten umringt. Die Mappe unter den Arm geklemmt, blätterten sie interessiert in den alten Scharteken. Gekauft wurde selten etwas, aber das Herumstöbern machte ihnen Spaß, und es hieß immer, man könne mitunter wahre Perlen finden.

Zu dem Karren gehörte Hempel, der Antiquar. Er hatte sich aber lange nicht mehr blicken lassen. Niemand wußte, wo er steckte. Hempel war der bei weitem Älteste unter den Berliner Roten Studenten. Für uns ein wahrer Greis – wahrscheinlich über die Dreißig. Man sah ihm an, daß er es zeit seines Lebens nicht leicht gehabt hatte. Aber unter dem tief heruntergezogenen Mützenrand blickten kluge Augen. Immer hatte er eine kurze Pfeife im Mund. Die Hände hielt er tief in den Taschen seiner abgewetzten Joppe verborgen.

Was er eigentlich studierte, wo er wohnte, wo er sein Wägelchen unterstellte, wann er Zeit zum Studium fand, wenn er den ganzen Tag mit Büchern handelte – all das wußte niemand so recht. Hempel galt als Original, aber auch als vernünftiger Genosse.

Als Reichskanzler von Papen mit seinem Staatsstreich am 20. Juli 1932 die sozialdemokratische Regierung von Preußen stürzte, war Hempel abends in einer hitzigen Diskussion mit Angehörigen des Sozialistischen Studentenbundes aufgetreten. Mit einem Male war alles still, als Hempel ausnahmsweise die Pfeife aus dem Mund nahm.

»Na, was soll nun werden?« fragte er. »Machen wir jetzt Einheitsfront oder nicht? Hört bloß auf mit den Flausen, daß die Nazis von selber abwirtschaften werden. Von allein kommt gar nichts. Wenn wir nicht zusammenhalten, dann schlagen die Halunken einen nach dem anderen kaputt!«

So ruhig und einfach hatte er das gesagt, daß auch den gescheitesten Jungen vom Sozialistischen Studentenbund die Floskeln im Halse steckenblieben. Wo mochten die Jungen von damals sein, die einen von Papen bloß mit Verachtung strafen wollten?

Hempel aber stand wieder an seinem Bücherkarren, wie immer schweigsam seine Pfeife rauchend. Ich war schon drauf und dran, mit der guten Nachricht, daß Willi aus dem KZ entkommen war, auf ihn loszustürmen, hielt mich aber doch zurück und blinzelte ihm bloß verstohlen zu. Ich trat an den Bücherkarren, griff pro forma nach einem alten Wälzer und fragte leise: »Was machst du so, alter Knabe? Hast dich ja lange nicht blicken lassen.«

Hempel schielte unter dem Mützenrand prüfend nach links und rechts, stieß eine Rauchwolke aus und antwortete harmlos: »Ach, nichts Besonderes. Ich war bloß ›zeitgemäß‹ verhindert.«

Ein älterer Herr trat an den Stand. Hempel sah ihn aus den Augenwinkeln an. Hatte er Angst?

»Du, Kürbis«, fragte er, als der Mann endlich gegangen war, ebenfalls leise, »stimmt es, daß der Egon tot ist?«

»Das wußtest du nicht? Schon vor ein paar Monaten haben sie ihn bei der Gestapo umgebracht.«

Hempel begann nervös in seinen Büchern zu wühlen, kramte ein altes Exemplar heraus und drückte es mir in die Hand.

»Vielleicht interessiert Sie dieses Buch?«

Bücherkarren vor der Universitätsbibliothek,
Zeichnung von Friedrich Gäbel nach 1945

Zwei SA-Männer marschierten gerade vorbei.

»Sieh es dir an!« zischte Hempel. »Man weiß doch nie, ob nicht jemand aufpaßt!«

»Sag mal«, fuhr er zögernd fort, »macht ihr eigentlich noch weiter? Die Genossen, meine ich.«

»Klar, natürlich machen wir weiter! Sag mal, du etwa

nicht? Wo warst du eigentlich so lange? Keiner wußte etwas von dir.«

»Sehen Sie mal, das hier ist auch eine sehr hübsche Ausgabe«, sagte Hempel, hielt mir ein anderes Buch unter die Nase und stieß aufgeregt eine Rauchwolke aus.

»Ja, Mensch, was ist denn los mit dir?«

Hempel warf wieder einen scheuen Blick zur Seite und sagte leise, ohne mich anzusehen: »Ich bin erst seit ein paar Tagen raus aus dem Knast. Acht Wochen haben sie mich in der Mache gehabt, erst die SA, dann die Gestapo. Sie drohten, mir einen Prozeß wegen einer Schlägerei anzuhängen, bei der ein Nazi ums Leben gekommen sein soll. Ich hatte nicht das mindeste damit zu tun, aber beweise das mal!«

»Und wie bist du rausgekommen?«

Hempel schluckte und senkte den Kopf. »Dann – dann haben sie mir ein Stipendium versprochen.«

»Dann?«

»Bei Wohlverhalten. NS-Studentenbund, Neuordnung der Universität und so. Was blieb mir denn übrig!«

»Du hast dich verkauft an die Nazis?«

»Ach, Mensch«, rief Hempel gequält. Vor Scham vergaß er alle Vorsicht. »Was sollte ich denn machen? Die hätten mich doch fertiggemacht wie den Egon!«

Völlig niedergeschmettert ließ ich das Buch sinken und sah den früheren Genossen entgeistert an.

»Ich weiß, was du jetzt von mir denkst«, sagte Hempel mit brüchiger Stimme. »Ich will dir nur noch eins sagen: Gib den anderen Bescheid. Hörst du? Gib ihnen Bescheid, gleich, und sag ihnen, daß ich nicht anders konnte. Verraten hab ich nichts!«

In der Tat, sonst würde ich wohl hier nicht mehr im Freien stehen. Unschlüssig legte ich das Buch hin. Ich brachte kein einziges Wort heraus.

»Hier ist übrigens etwas über Astronomie«, sagte Hempel mit erhobener Stimme. Studenten waren an den Stand getreten. Ohne ihn noch einmal anzusehen, ging ich weg.

Mein Herz schlug Alarm. Ich hatte begriffen: Er warnte vor sich selber! Und beinahe hätte ich ihm freudestrahlend erzählt, daß Willi bei mir wohnte. Aber ausgehorcht hat er mich nicht. So weit ging sein Wohlverhalten doch nicht. Hempel hatte schon im Sommer 1932 geahnt, was die Nazis aus Menschen machen können, selbst aus einem ehrlichen Genossen.

*

Wenn es an der Wohnungstür klingelte, fuhr ich neuerdings immer hoch wie von einer Wespe gestochen. Ich fühlte mich verantwortlich dafür, daß Willi nichts passierte.

Willi schrieb täglich, stundenlang, unermüdlich. Nach der körperlichen und geistigen Tortur hatten sich viele Gedanken angesammelt, die nun endlich niedergeschrieben werden konnten.

Das Klingeln an der Wohnungstür brachte Willi nicht dazu, seine Arbeit zu unterbrechen. Er behielt sogar völlig die Ruhe, als ich einmal mit einem baumlangen SS-Mann ins Atelier trat, der zwar freundlich lächelnd, aber buchstäblich sporenklirrend hereinkam. Willi verzog keine Miene.

»Mein Vetter Fritz, Student an der Technischen Hochschule«, stellte ich den Uniformierten vor.

»Wahrscheinlich sind Sie noch nicht lange bei der SS?« fragte Willi.

Unter den damaligen Verhältnissen mußten wir versuchen, in faschistische Organisationen zu gelangen, Informationen zu erhalten, nach Möglichkeit auch Einfluß zu gewinnen.

»Sporen tragen Sie auch? Berittene Truppe?«

»Steglitzer Reiterstandarte«, erklärte Fritz. »Erst seit acht Wochen bin ich dabei. Teils aus Anpassungsgründen, teils aus Tarnung markiere ich jetzt den strammen Nazi.«

»Fritz ist natürlich keiner, wie du dir wohl schon gedacht haben wirst«, erklärte ich Willi.

»Aber er macht sich gut«, meinte Willi und ließ sich umgehend über die Stimmung in der SS berichten. Alles interessierte ihn.

»Unser Haufen ist ja eigentlich mehr so ein Herrenklub. Nie wäre ich da reingekommen ohne die Protektion von einem entfernten Onkel, große Nummer bei Siemens.«

»Praktiziertes Bündnis der Nazis und der Großindustrie«, stellte Willi fest. »Das geht schon bis ins Detail. Wiederaufrüstung und so.«

»Fritz ist übrigens ein Landsmann von dir, Willi«, warf ich ein. »Sein Vater war revolutionärer Demokrat, ein richtiger Volkstribun. Vor dem Weltkrieg hatte er jahrelang beim Transport revolutionärer Literatur über die Grenze ins alte Rußland geholfen. Als die zaristische Armee über die deutsche Grenze vorstieß, wurde er kurzerhand erschossen.«

»Die Nazis denken, er sei für Kaiserdeutschland gefallen«, ergänzte Fritz. »Ich lasse sie bei dem Glauben!«

»Ambrassat?« fragte Willi. »Von ihm habe ich gehört.«

Vater Girnus war damals in der ostpreußischen Grenzgegend USPD-Funktionär, später Vorsitzender des Arbeiter-und-Bauern-Rates in Heidekrug. Vielleicht haben sich die Väter gekannt.

Fritz, der mit uns Kommunisten sympathisierte, kam immer zu mir, wenn er etwas wissen wollte.

»Bei unseren Steglitzern wird jetzt so allerhand gemunkelt von einer ›zweiten Revolution‹, die angeblich bald losgehen soll.« Dabei sah mich Fritz fragend von der Seite an.

Die »zweite Revolution« – das war die Parole, mit der die Naziführung die vielen betrogenen proletarischen und kleinbürgerlichen Mitläufer, die sich das »Dritte Reich« anders vorgestellt hatten, zu beruhigen suchte. Ja, hieß es dann immer, bisher ging es gegen die Kommunisten, aber wartet nur ab, bald wird es auch den Kapitalisten an den Kragen gehen.

Willi setzte das dem wißbegierigen Fritz sachlich auseinander. Ich dagegen ereiferte mich wieder einmal maßlos:

»›Zweite Revolution‹ – so ein Blödsinn! Dafür sind doch die Nazis extra von der Großbourgeoisie an die Macht gebracht worden, damit sie jede Art von Revolution verhindern – auf tausend Jahre.«

Das »Tausendjährige Reich« war damals häufig Diskussionsthema. So registrierte die Polizei zum Beispiel: »Flugzettel ›Märchen aus Tausendundeiner Nacht‹ im Bezirk Charlottenburg in den Briefkästen der Goethestraße. In dem Zettel werden die Worte des Führers, daß es in tausend Jahren keine Revolution wieder gebe, in höchstem Maße abfällig kritisiert.«

Willi beendete unsere Diskussion: »Ihr werdet sehen – und das dauert gar nicht mehr lange –, da wird mit diesem Gerede von der ›zweiten Revolution‹ Schluß gemacht, radikal Schluß!«

*

Menschen mit einem so großen marxistisch-leninistischen Wissen und so reichen Erfahrungen wie Willi gab es bei uns ziemlich selten. Wir Roten Studenten waren vorwiegend kleinbürgerlicher oder bürgerlicher Herkunft und hatten gegen Rudimente bürgerlicher Weltanschauung ebenso anzukämpfen wie gegen unsere Illusionen über die Art und Weise der damaligen politischen Auseinandersetzung.

Lucy zum Beispiel war eine von den Studentinnen, die aus der Bourgeoisie zu uns gestoßen waren. Sie hatte mit ihren Eltern gebrochen, nicht aber mit dem sogenannten gutbürgerlichen Milieu und einigen bürgerlichen Vorstellungen.

Gruppenversammlungen bei Lucy hatten manches für sich – da saß es sich warm und angenehm. Teppiche auf dem Parkettfußboden, Schleiflackmöbel, Couches mit bunten Kissen, breite Regale voller Bücher und solide Sessel mit hübschen Lampen darüber. In solcher Pracht dachte ich immer ein bißchen wehmütig an meine gelblackierten Eierkistenmöbel.

Sieben, acht Studenten saßen in lockerem Halbkreis, alles Jungen. Im Mittelpunkt, wie es sich gehörte, Lucy. Bei solchen Besprechungen redete im wesentlichen sie selber, die Jungen hörten zu. Wie sie da in ihrem Lehnstuhl saß, graziös, nett angezogen, einen winzigen chinesischen Schoßhund streichelnd, hätte man in ihr alles andere vermutet als eine Gruppenleiterin der Roten Studenten. Das war unter den gegebenen Umständen auch nötig.

Es ging um unsere illegale Arbeit in der damaligen Situation. Wir mußten uns ein Höchstmaß von Wissen aneignen, um in den Seminaren an der Universität unverfängliche Fragen stellen zu können, die zum Nachdenken anregten. In vorsichtigen Gesprächen unter vier Augen wollten wir Sympathisierende zu werben versuchen, Kontakte herstellen, Informationen erlangen, aber auch den Kommunistischen Jugendverband unterstützen und manches andere mehr.

Taten wir damit genug? Lucy meinte, ja. Sie analysierte die Lage in wohlgesetzten Worten, aus ihrem Mund klang es irgendwie gar nicht so schlimm, wenn sie anhand von Dokumenten der Partei nachwies, daß sich das faschistische Regime in Deutschland schrittweise stabilisiere. »Es wäre ein unverzeihlicher Fehler, zu erwarten, daß es jeden Augenblick zusammenbrechen könnte«, sagte sie. »Womit wir rechnen müssen, das ist der Bestand der Nazidiktatur für eine gewisse geschichtliche Periode.«

Wir stöhnten innerlich. So stand es in der offiziellen Einschätzung: eine gewisse geschichtliche Periode!

»Infolgedessen«, fuhr Lucy fort, »müssen wir uns auf eine lange illegale Tätigkeit einstellen. Hermetische Abschirmung ist die Losung. Jedes Risiko ist strikt zu vermeiden. Alle Energie ist darauf zu richten, die Genossen eingehend zu schulen.«

Illegale Zeitungen der KPD

»Aber Zeitungen?« wandte Rudi, ein lustiger Junge mit schwarzem Strubbelkopf und Stupsnase, hoffnungsvoll ein, »Zeitungen machen wir doch weiter?« Rudi war kein Freund von langen Reden. So setzte er nur hinzu: »Und Flugblätter!«

Die »Dozentin« griff ein: »Flugblätter kommen vorläufig nicht in Betracht! Du scheinst die Aufgabenstellung nicht ganz erfaßt zu haben, Rudi! Alle Kräfte, verstehst du, alles muß auf die innerorganisatorische Schulung konzentriert werden. Für ein Hervortreten an die Öffentlichkeit ist die Zeit ungeeignet und wird aller Wahrscheinlichkeit nach auch noch eine ganze Weile ungeeignet bleiben!«

»Für die ganze geschichtliche Periode etwa?« rief ich aufgebracht.

Rudi nahm wieder das Wort: »Sollen wir bloß zuschauen, wie die Karre in den Abgrund saust?«

Aus dem Jackenfutter zog er ein Flugblatt hervor. Er las:

»KPD-Bezirk Friedrichshain: ›Anzeichen für den nahe bevorstehenden Ausbruch eines Weltkrieges, der grausamer und verheerender als der von 1914–18 sein wird.

Überall wird gerüstet wie noch nie, auch bei uns. Der Weltkrieg ist unvermeidlich, wenn es uns nicht gelingt, die Hitlerdiktatur zu stürzen.‹«

Auf einmal redeten alle.

Lucy wollte die Ruhe wiederherstellen. Sie sagte zu mir:

»Kürbis! Wie kann man nur so undiszipliniert sein! Von dir hätte ich das am wenigsten erwartet!« Ausgerechnet dieser stille, »manierliche« Horst, aus dem plötzlich der durchaus nicht stille und »manierliche« Willi sprach, führte auf einmal das große Wort.

»Recht hat er!« rief Rudi.

»Laß ihn reden!« tönte es von allen Seiten.

Ich beugte mich vor und sah die Genossen der Reihe nach an. »Also hermetisch abschließen sollen wir uns, streng intern Schulung betreiben. Das allerwichtigste soll es sein, ein paar Dutzend Genossen darin zu üben, immer schön theoretisch zu diskutieren. Weißt du, wie man so etwas wissenschaftlich bezeichnen kann, Lucy? Sektierertum ist das! Du kannst es auch Opportunismus nennen. Als ob die Nazis uns in Ruhe lassen, wenn wir uns brav und still verhalten. Ihr habt das Flugblatt von den Genossen im Bezirk Friedrichshain gehört. Wir müssen warnen, wo immer wir können – vielleicht ist noch etwas zu machen!«

Lucy überlegte eine Erwiderung, aber ich war in Fahrt.

»Die Partei ruft die Arbeiter in den Betrieben zu Aktionen auf, und wir sollen uns vornehm zurückhalten? Sollen die Nazithese bestätigen, daß die Studenten zu hundert Prozent ›gleichgeschaltet‹ sind, daß es an den Universitäten keine revolutionäre Opposition mehr gibt?«

»Ja, in den Betrieben«, sagte Lucy gedehnt. »Aber an den Hochschulen sind ganz andere, spezifische Bedingungen!«

»Die spezifischen Bedingungen kennen wir doch! An-

Titelblatt der AIZ, Fotomontage von John Heartfield, 1934

dere Genossen«, ich dachte an Egon, an Ruth, an Willi und an seine Kameraden in Oranienburg – »halten ihren Kopf hin – zum Teufel, sind wir denn was Besseres?«

Rudi fügte sachlich hinzu: »Was wir brauchen, sind Pläne für Aktionen!«

Dies war die letzte Gruppensitzung bei Lucy. Ver-

Der Sozialist, illegale Zeitung der Roten Studenten, 1934

sammlungen in einem so großen Kreis von Teilnehmern wurden aus Gründen der Konspiration nicht mehr abgehalten.

*

Die Cafés, die vielen kleinen Lokale im alten Berlin waren Oasen in der Steinwüste. Im Stadtzentrum und weiter draußen, überall gab es Dutzende von solchen Lokalen, die meist nur aus einem einzigen Raum bestanden, mit Nischen und ein paar wackligen Tischen. Diese Lokale gaben ausgezeichnete Treffpunkte ab. Zu zweien oder dreien konnte man sich hier in aller Ruhe unterhalten. Wieviel illegale Arbeit ist in diesen Kaffeestübchen geleistet worden!

Natürlich wurden vor allem die größeren Cafés ständig durch die mit politischen Angelegenheiten befaßten Abteilungen der Kriminalpolizei beobachtet.

Wir vermieden es, stets dieselbe Gegend aufzusuchen. Beate war groß darin, immer neue Lokale aufzuspüren. Nicht weit von hier habe ich eine fabelhafte Konditorei entdeckt, hieß es dann, ganz ruhig, und herrlichen Stollen gibt es auch.

»Wie kommst du mit Willi aus?« fragte Beate, als die laufenden Sachen erledigt waren.

»Was heißt auskommen? Prima natürlich! Stell dir vor, er führt bei mir die Wirtschaft, räumt auf – meine schwache Seite, wie du weißt. Neulich hat er sogar Türgriffe und Messingbeschläge geputzt, die glänzen jetzt wie reines Gold. So etwas ist meiner Atelierbude seit fünfzig Jahren bestimmt zum ersten Mal passiert. Kochen kann er auch. Gestern hat er Kohlrouladen gemacht. Phantastisch! Sonst sitzt er jede freie Minute am Tisch und schreibt.«

Beate beugte sich zu mir vor und sagte bedeutungsvoll: »Der Willi hat Köpfchen! Du wirst sehen, aus dem wird noch ein bedeutender Theoretiker!«

Das klingt fast wie eine Liebeserklärung, dachte ich. Aber Beate war ja immer so enthusiastisch, ihre Begeisterung konnte auch den Schläfrigsten anstecken. Bei ihren Freunden setzte sie immer das Beste voraus und verstand es, sie so in Schwung zu bringen, daß sie in der politischen Arbeit mehr leisteten, als sie sich selber zutrauten. In Willis Gegenwart hätte sie nie etwas Derartiges über ihn gesagt.

»Der Naziblockwart hat sich allerdings bei Gäbel, dem Zeichner, nach Willi erkundigt – was das für einer wäre«, berichtete ich Beate.

Sie holte tief Luft. »Wann?«

»Gestern.«

»Und das sagst du mir erst jetzt?«

»Der Friedrich hat die Sache ganz schön hingebogen.«

Beate stand auf. »Ich muß sofort weg. Sei bitte um acht zu Hause!«

Mit einem Ruck drehte sie sich um und verschwand. Verdutzt sah ich ihr nach.

Punkt acht erschien Beate mit Willi bei mir.

»Kommt rein, der Kaffee wartet schon.«

Beate räusperte sich. »Du verstehst so nett den Tisch zu decken, Kürbis, mit Blumen und Keksschale – ganz groß, Klavier und Geige, wie du immer sagst. Aber: Willi muß heute abend umziehen.«

Willi blieb gelassener als ich. Was konnte ihn nach Pillkallen, Brandenburg und Oranienburg schon noch erschüttern!

Ich fragte naiv: »Wieso? Was ist los?«

»Wenn schon der Naziblockwart sein Auge auf einen geworfen hat, weiß auch bald die Gestapo Bescheid. Wir müssen nicht warten, bis sie euch gleich beide abholen kommt.«

»Ach, wegen gestern? Gäbel hat den Blockwart beruhigt: ›Sie meinen sicher seinen Vetter, den von der Reiterstandarte. Jaja, der besucht ihn ab und zu auch in Zivil, besonders wenn er mit seinem Privatwagen vorfährt. Natürlich, das ist derselbe – Sie wissen ja, wie die Uniform den Menschen verändert.‹«

Willi schaltete sich ein. »Hochanständig von Gäbel, keine Frage, aber wenn man einmal aufgefallen ist, darf man kein unnötiges Risiko eingehen. Auf die Dauer bin ich mit Fritz nicht zu verwechseln.«

»Wir haben Willi schon ein neues Quartier besorgt. Dort ist es ruhig, vorläufig jedenfalls«, erklärte Beate.

»Mir ist alles recht. Bloß auf meine Pritsche in Oranienburg möchte ich gern verzichten.«

Willi stand schon auf.

»Aber ihr wollt doch jetzt nicht Hals über Kopf verschwinden?«

Beate zögerte. Sie war darauf bedacht, ihren Schützling schnell in Sicherheit zu bringen. Er hatte bereits die wenigen Habseligkeiten in seiner Aktentasche verstaut, aus der er seinen Namen vorsorglich entfernt hatte.

Willi warf Beate einen kurzen Blick zu und meinte: »Bleiben wir noch, damit uns niemand weggehen sieht. Am besten, wir gehen erst nachts.«

Während langsam die Dunkelheit hereinbrach, saßen wir drei etwas einsilbig beisammen – bei vorsorglich offengelassener Balkontür mit Blick auf die Feuerleiter.

Abschied bei Illegalen stimmt besonders wehmütig: Einer verläßt das Obdach, geht ins Ungewisse. Wann, wenn überhaupt, wird man ihn wiedersehen?

Willi dachte an seine KZ-Zeit zurück. Er begann zu erzählen:

»Ein Kumpel war da, den ich nie vergessen werde, ein junger Landarbeiter aus Mecklenburg, flachsblond, ein Hüne von Gestalt. Er sprach wenig, aber das in echtem Plattdeutsch, wie es bei Fritz Reuter steht. ›Hol di senkrecht!‹ sagte er mit seiner tiefen Stimme, wenn einer von uns ›zur Vernehmung‹ abgeholt wurde. Dann ging er so lange unruhig auf und ab, bis der Geschundene wieder zu uns hereingestoßen wurde. Er nahm ihn in Empfang, legte ihn auf den ruhigsten Platz, besorgte Wasser, redete ihm gut zu. Und dann, eines Nachts, kam er selber dran. Sie hatten ihn in den leeren Bunker nebenan gebracht. Wir hörten jeden Schlag und jedes Wort – die Stahlrutenschläge und das Gebrüll der SS. Sie schlugen ihn stundenlang, lösten sich offenbar ab und fluchten gräßlich, weil sie nichts aus ihm herausholen konnten. Wir hörten, daß die Verbrecher berauscht waren von Fusel und Blut. Ihr könnt euch denken, wie uns zumute war. Der junge Genosse konnte nur noch ein Bündel rohes Fleisch sein. Auf die Dauer hält auch der Stärkste kaum durch, auch wenn er, wie unser mecklenburgischer Genosse, durch die Schinderei über Generationen hin hart geworden war. Aber da schrie der Gefolterte plötzlich, dabei furchtbar röchelnd, durch den ganzen Bau: ›Ick bün Kommunist – un ick bliew Kommunist!‹«

3
Der Flugzettelböller

Was Willi vom Konzentrationslager erzählt hatte, ging mir lange nicht aus dem Kopf. Oft glaubte ich die Stimme des Mecklenburger Genossen zu hören. Wer noch in – relativer – Freiheit lebte und sah, wohin Deutschland geführt werden sollte – zur Schlachtbank –, der mußte warnen, solange noch Zeit war.

Die Flugblattverteilung wurde immer schwieriger. Wer wußte, wenn er einen illegalen Aufruf im Briefkasten fand, ob er nicht amtlich auf seine Gesinnung geprüft wurde?

Herbert erzählte, daß selbst gute Bekannte die Annahme eines Flugblattes abgelehnt hatten, weil sie nichts riskieren wollten. Unter Entschuldigungen hatten sie lieber ein paar Groschen für »Unkosten« gespendet, als sich wie sie sagten, in die Nesseln zu setzen.

Wir mußten eine Art anonymen Vertrieb erreichen, bei dem Geber und Empfänger nicht »geortet« werden konnten.

Abends, nach Vorlesungs- und Seminarbetrieb, auch nach den üblichen Treffs, saß ich in meiner Atelierbude am einbeinigen Schreibtisch und bastelte. Ich wollte eine Schleudervorrichtung bauen, die in Hörsälen, Fluren und Vestibülen Flugzettel unter die Studenten werfen sollte. Denkgewohnte Hirne mußten doch die unglaubliche Diskrepanz zwischen Hitlers Worten und Hitlers Taten erkennen und daraus Konsequenzen ziehen!

Ich, der ich nicht nur als leichtsinnig, sondern auch als quirlig und unruhig galt, brachte bei diesen Versuchen mehr Geduld auf, als ich mir selber zugetraut hätte. Dabei wanderten die Gedanken zu Ruth, zu Willi, auch zu Hempel.

Hatte es denn in der jetzigen Situation überhaupt noch Sinn, sich mit Jura zu befassen, bürgerliches Gesetzbuch und Strafrecht zu studieren, wenn sich die faschistischen Machthaber nicht daran hielten? Was nützte die Strafprozeßordnung, was die Lektüre einschlägiger Reichsgerichtsentscheidungen, wenn der erstbeste uniformierte Bandit einen Menschen einfach festnehmen, mißhandeln und umbringen lassen konnte, ohne von der Justiz auch nur das mindeste befürchten zu müssen?

Die Köpenicker Blutwoche war den Antifaschisten deutlich genug in Erinnerung. Recht – unter kapitalistischen Verhältnissen sowieso schon eine höchst fragwürdige Sache – wurde jetzt geradezu pervertiert, wurde zur offenen Farce. Der gerade geschaffene »Volksgerichtshof« kannte nur ein »Recht«: das der faschistischen Barbaren.

Dem standen die tapferen Versuche vieler Menschen gegenüber, sich dem drohenden Unheil entgegenzustemmen, aufzuklären, wie es die Verfasser der Flugblätter getan hatten. Der aufziehenden Gefahr eines neuen Weltkrieges, vielleicht mit Giftgas, sicherlich mit Fliegerbomben, die keine Grenzen kannten, war nicht mit dem Wunsch, sie möge nicht Wirklichkeit werden, zu begegnen. Warnen, aufrütteln, zur Umkehr mahnen auf dem Weg zum Abgrund – das konnten wir tun.

Der Knall eines platzenden Autoreifens weckt Aufmerksamkeit, ebenso der Knall eines Feuerwerkskörpers. Wenn damit eine Streuvorrichtung für Flugzettel verbunden war, wenn die einmal erregte Aufmerksamkeit sich auf deren Inhalt richtete, wäre anonyme Verteilung der Flugblätter gewährleistet.

Emil, dem ich meine Gedanken mitteilte, hörte aufmerksam zu.

»Selbstverständlich können solche ›Knalleffekte‹ nicht eine geduldige Aufklärungsarbeit ersetzen. Alltägliche, unermüdliche und vorsichtige Agitation – das ist die Hauptsache.«

Er selbst gab das beste Beispiel dafür, wenn er an verschiedenen Zeitungskiosken anscheinend naiv die neuesten Meldungen kommentierte und Anstöße zum Denken gab.

»Einen Haken hat die Sache«, meinte ich zögernd. »Du kennst ja manche Leisetreter bei uns. Die werden Zeter und Mordio schreien, wenn wir zeigen, daß wir da sind und sogar laut werden.«

»Sollen wir auf die Rücksicht nehmen? Nein, mein Lieber. Das nehme ich schon auf meine Kappe. Mach mit deinen Versuchen weiter. Betrachte das als deinen speziellen Parteiauftrag.«

*

Am 30. Juni 1934 glich Berlin einem aufgescheuchten Ameisenhaufen. Alarmzustand! Wieso? Kein Mensch wußte Genaueres. Reichswehr und Polizei jagten durch die Straßen. Die wildesten Gerüchte waren im Umlauf.

Am Sonntag, dem 1. Juli, gab es bereits Extrablätter. Die Zeitungsverkäufer schrien: »Komplott in der SA!« »Stabschef Röhm erschossen!«

Die Meldungen überstürzten sich und nahmen kein Ende. Man riß den Verkäufern die Blätter aus den Händen.

Eine Wachablösung vollzog sich im Nazistaat auf regimeeigene Weise. Hitler mußte die SA-Führer über die Klinge springen lassen, weil sie der Wehrmachtführung, der Schwerindustrie und einigen Naziführern, wie Göring und Himmler, unbequem geworden waren.

Fritz kam müde und erschöpft in mein Atelier. Zwei Nächte hintereinander hatte er nicht geschlafen. Er hatte das auf Befehl Hitlers und unter Leitung von Göring und Himmler angerichtete Blutbad vom 30. Juni 1934, dem höchste Führer der SA und der NSDAP zum

Opfer gefallen waren, aus nächster Nähe miterleben müssen.

Abgespannt berichtete er:

»Wir waren in der Lichterfelder Kadettenanstalt zum Bereitschaftsdienst befohlen. Zwei Standarten SS, also rund zweitausend Mann mit Karabinern, aber noch ohne Munition. Jeden Augenblick konnte welche ausgeteilt und die Schußrichtung befohlen werden. Keiner wußte, was los war.

Mittags fuhren drei schwere Mercedes-Wagen vor, besetzt mit bekannten SA-Führern, die wir natürlich zakkig grüßten, wie das von uns erwartet wurde. Die erwiderten leutselig unseren Gruß, stiegen stolz und gewichtig aus, unterhielten sich noch und gingen dann ins Haus. Fünf Minuten später krachten Salven im Innenhof. Laute Aufregung, großes Herumrätseln bei uns. Dann wurde bekanntgegeben, die SA-Führer seien auf Befehl des ›Führers‹ als Meuterer hingerichtet worden.

Einer von uns schob Wache in einem Nebeneingang. Er ließ mich und noch ein paar von uns zu Erkundungszwecken durch. Im Keller trafen wir Leute von der Leibstandarte ›Adolf Hitler‹ beim Gewehrreinigen. Die erzählten uns bereitwillig, wer ›umgelegt‹ worden war, der berüchtigte Heines und ein Haufen anderer bekannter SA-Größen. Die meisten von denen bettelten bis zuletzt um ihr Leben. Sie hätten doch nichts verbrochen, alles sei doch bloß ein Mißverständnis. Einzelne riefen sogar noch ›Heil Hitler!‹, als sie an die Wand gestellt wurden. Und dann ging es Schub auf Schub. Immer neue Transporte, immer neue Ahnungslose, mindestens zwei- bis dreihundert. Jetzt wurden sie nicht mehr mit ›Heil‹ begrüßt, sondern mit lautem Gebrüll.

Gegen Abend gab es eine Überraschung: Reichswehrgenerale fuhren vor, mit blitzenden Monokeln und breiten roten Streifen an den Hosen. Aber stell dir vor: Eine halbe Stunde später kamen die Herren Generäle hochnäsig und sichtlich zufrieden wieder heraus und fuhren, ohne uns auch nur eines Blickes zu würdigen, zur allgemeinen Verblüffung unbehelligt wieder ab. Die Wache präsentierte sogar das Gewehr.«

Noch tagelang kamen Kommilitonen, Bekannte, Künstler zu mir und wollten wissen: Wie reimst du dir das zusammen? Was sagt ihr Kommunisten dazu? Überall einförmige Phrasen, stures Heilgebrüll, stereotypes Stiefeltrampeln. Wie gut, wenn man jemanden kannte, zu dem man sagen durfte: Erklär mir, was los ist!

Nach Fritzens Weggang saß ich bis zum Morgengrauen an der Schreibmaschine und tippte einen ausführlichen Bericht.

Emil war zufrieden, als er am Morgen die Blätter in Empfang nahm. Er überflog sie an Ort und Stelle. Beim Auftritt der Generäle lachte er verächtlich.

»Haben sich diese SS-Kerle eingebildet, die Herren Generäle kämen auch noch dran? Wer sollte dann für Hitler die Aufmarschpläne entwerfen? So etwas Naives! Das waren doch mit die Organisatoren von dem ganzen Schlamassel. Natürlich, vornehm, wie die Herrschaften sind, haben sie die Dreckarbeit von der SS erledigen lassen.«

»Wieviel wurden eigentlich umgebracht?«

»Mehrere hundert. Manche Nazibonzen haben natürlich die Gelegenheit dazu benutzt, auch ihre persönlichen Gegner beiseite zu bringen.«

Schon sah Emil nach der Uhr. Er hatte es wieder eilig, gerade jetzt, wo ich so viel auf dem Herzen hatte. Emil hörte kaum noch zu, die Berichte mußten ausgewertet und weitergeleitet werden.

Er nickte bloß immer und ließ mir freie Hand für alle Pläne, die ich ihm hastig eröffnete:

»... sofort drauf reagieren!«

»Schön, schön!«

»... morgen früh mit aktuellen Flugblättern rauskommen!«

»Geht in Ordnung.«

»... kleiner Versuch, mit primitiven Mitteln an der Uni Flugzettel unter die Leute zu bringen.«

»Einverstanden.« Emil sah mich an. »Brauchst du Hilfe?«

»Nein, das nicht.«

»Dann mach. Aber sieh dich gefälligst vor. Hals- und Beinbruch!«

*

Abends begann ich mit einem selbstgebastelten Apparat dreihundert Flugzettel zu drucken. Als das fertige Paket mit allen Zutaten ausgerüstet war, schlug es zwei Uhr nachts. Ich lag noch lange schlaflos, starrte durchs Oberlicht zum Himmel und rechnete immer wieder nach, wie lang die Lunte sein müßte: Jeder Zentimeter zuviel brachte Gefahr, daß das Paket entdeckt wurde, bevor die Flugblätter verstreut waren, jeder Zentimeter zuwenig bedeutete, daß die Ladung losgehen konnte, ehe ich außer Reichweite war.

Um acht Uhr fuhr ich ins Stadtzentrum, bereitete alles vor und ging gegen zehn Uhr, leicht schwindlig vor Aufregung, zur Universität, die Haupttreppe hinauf, immer zwei, drei Stufen auf einmal nehmend, bis ganz nach oben. Dort war es still. Über die Balustrade gebeugt, sah ich auf das Gedränge unten. Die Pause fing eben an.

Ich hängte das Paket ans Geländer, so daß die Blätter herunterflattern mußten, sobald die Schnur zündete. Leute kamen. Mit dem Rücken lehnte ich mich gegen das Paket und ließ sie vorbei. Schnell steckte ich eine Zigarette an, sah nach links und rechts und hielt das brennende Ende an die Lunte. Sofort stieg ein Rauchfaden auf.

Hastig ging ich die Treppe hinunter. Unten wartete ich auf das Platzen der Feuerwerkskörper. Fünf, zehn Minuten vergingen. Ich lief vor dem Portal hin und her wie ein Raubtier im Käfig. Die Pause verging, alles verlief sich in die Hörsäle. Der Knall war ausgeblieben. Nachsehen? Unmöglich. Wahrscheinlich war das Paket schon entdeckt, und man hatte es vielleicht als Köder hängengelassen.

Sehr kleinlaut berichtete ich anderntags Emil von dem Mißgeschick. Wider Erwarten war er nicht enttäuscht, wohl aber empört.

»Was? Du hast dagestanden und gewartet? Dich haben sie wohl als Kind zu heiß gebadet?«

»Aber ich mußte doch feststellen, ob ...«

»Abhauen mußtest du, weiter gar nichts! Daß du dich nicht noch einmal so anstellst, Mensch!«

Die Strafpredigt machte mich noch bedrückter.

»So eine schöne Gelegenheit – glatt vermasselt! Bei so einem Anlaß, wo man unbedingt hätte reagieren müssen!«

»Alles halb so wild«, beruhigte mich Emil. »Wir haben natürlich reagiert, an anderer Stelle. Laß dir keine grauen Haare wachsen, weil es nicht gleich beim ersten Mal geklappt hat. Läßt dir eben etwas Besseres einfallen.«

*

Emils Rat hatte geholfen, wie so häufig. Ich hatte mir etwas Neues einfallen lassen: elektrische Auslösung statt der unzuverlässigen Zündschnur.

Die Teile des geplanten Mechanismus lagen auf dem Tisch aneinandermontiert. Man mußte nur noch ein Uhrwerk einstellen, zum Beispiel auf fünf Minuten, und eine Batterie anschließen. Genau zur vorgesehenen Zeit erfolgte dann die Zündung. Zur Sicherheit wiederholte ich den Vorgang zehn-, zwanzigmal, immer wieder gespannt, immer wieder mit Erfolg.

Jetzt brauchte man noch einen Behälter, ein Gehäuse, in dem die Flugblätter Platz fanden mitsamt der Sprengladung, die sie herausschleudern sollte. Der Behälter mußte handlich sein, nicht zu groß, er mußte aus Metall sein, damit er nicht verbrannte. Gedankenverloren rührte ich im Kochtopf und starrte die leere Konservendose mit der Aufschrift »Leipziger Allerlei« an, die daneben stand.

Der Flugzettelböller (Aufnahme der Gestapo)

Aber das war ja der gesuchte Behälter! Unten mußten die Teile der Apparatur Platz finden, oben die Flugblätter. Der Druck der Explosion mußte die Blätter herausschleudern wie aus einer Konfettikanone. Sofort baute ich ein Probeexemplar.

Ich säuberte die Dose und schnitt die Ränder glatt. Der Mechanismus und die Flugblätter – ich nahm einfache Zettel – paßten wie nach Maß hinein. Mein Plan nahm Gestalt an. Ich bereitete alles für einen Versuch vor. Vom Gasherd roch es verbrannt – ich hatte mein »Leipziger Allerlei« vergessen. Wenn schon!

Die Dämmerung brach herein, da war es geschafft: der Behälter gefüllt und gut verschlossen nach Art der Feuerwerkskörper, aus denen das Pulver stammte. Fertig stand der Böller auf dem Tisch. Emil wird sich freuen, dachte ich und beugte mich über mein mühevolles Werk. Da fuhr mir mit ohrenbetäubendem Krach die Ladung wie eine Faust ins Gesicht. Die Büchse war mir unter den Händen explodiert.

Wie versteinert saß ich auf dem Zementfußboden. Jeden Augenblick konnte jemand kommen, um nachzusehen, was hier passiert war. Noch immer tanzten feurige Ringe vor meinen Augen. Was ich ertasten konnte, raffte ich hastig zusammen: die Metallteile, Werkzeug, Materialien und Papier, stopfte alles in eine Mappe. Aber niemand kam. Man wußte wohl nicht, wo der Knall hergekommen war. Ich beseitigte alle verdächtigen Spuren des Vorfalls und warf mich aufs Sofa, um etwas auszuruhen. Die Augen taten weh. Ich machte sie fest zu und schlief vor Erschöpfung sofort ein.

Als ich aufwachte, war es Nacht. Die Augen schmerzten immer noch, der Kopf auch, es roch nach Schwefel.

Im Badezimmer warf ich einen Blick in den Spiegel: Wie sah ich bloß aus! Das Gesicht schwarzfleckig, die Augen rot entzündet. Ich faßte an den Kopf und hatte Asche an den Fingern; das Stirnhaar war von der Stichflamme versengt. Ein Glück, daß ich wieder einigermaßen sehen konnte, die Brille hatte das Schlimmste abgehalten. Beim Waschen ging etwas Haut ab. Das Gesicht war jetzt nicht mehr schwarz-, sondern rotgefleckt. So sieht also einer aus, der Pulver gerochen hat, dachte ich. Mein Humor kehrte zurück.

Eine solche Panne durfte sich unter keinen Umständen wiederholen. Im Ernstfall hing viel zuviel davon ab, daß der Mechanismus pünktlich losging, wann er sollte, und nicht irgendwann und irgendwo, auf offener Straße zum Beispiel. Bestimmt war die Isolierung mangelhaft gewesen. Von selbst entstand ja kein Funke. Vielleicht hatte ein Draht den Blechmantel berührt und damit den Stromkreis geschlossen.

Modell Nummer zwei wurde also nicht nur eleganter, sondern vor allen Dingen sicherer gebaut. Alle Teilchen, jede Schraube und jeder Draht wurden fest mit Isolierband umwickelt. Jetzt konnte eigentlich nichts mehr passieren.

Diesmal kam eine stärkere Ladung auf den Zünder: der Inhalt von mehreren Feuerwerkskörpern. Und keine einfachen Stückchen Papier, sondern Seidenpapierblättchen tat ich in den Behälter. Sie paßten besser hinein – es waren einige hundert –, und sie würden weiter fliegen.

Am Nachmittag war Modell Nummer zwei fertig und verschlossen. Nur die Uhr war noch zu stellen und ein frei heraushängendes Drahtende einzustöpseln. Das ließ ich lieber bis zum nächsten Tag und versteckte meine Erfindung am sicheren Ort unter den Dielen.

Ich ging früh zu Bett. Morgen sollte das große Experiment gestartet werden. Wieder einmal dauerte es lange, bis die Sterne am Himmel verblaßten.

Morgens um vier Uhr stand ich auf dem Bahnhof Charlottenburg, die Mappe unter dem Arm. Die Fahrt schien endlos zu dauern. Von der Endstation war es noch eine weite Strecke bis zu der mir bekannten stillen Waldwiese.

Als ich die Uhr aufzog und auf drei Minuten einstellte, zitterten mir die Hände vor Aufregung. Ich legte die Büchse in der Mitte der Lichtung auf den Sand. Unter den hohen Bäumen am Wiesenrand liegend, starrte ich die Blechdose unverwandt an. Drei Minuten können lange dauern. Vielleicht ging es überhaupt nicht los? Was sollte man machen mit einem Böller, der vielleicht stundenlang ruhig dalag wie ein Blindgänger und dann bei der leisesten Berührung in die Luft ging? Nach meiner Armbanduhr waren die drei Minuten vorbei. Sollte ich hingehen?

Unvermittelt verwandelte sich die blinkende Büchse in eine grelle Feuersäule, es krachte, und Rauch stieg in

Der Flugzettelböller mit Flugzetteln (Aufnahme der Gestapo)

die Höhe, mit sprühenden Funkengarben vermischt. Lauter kleine Zettel wirbelten himmelwärts.

Voller Freude stürmte ich auf die Büchse zu. Schwarz war sie und glühendheiß. Die Seidenpapierblättchen, die jetzt langsam heruntergewirbelt kamen, hatten schwer gelitten: Von den meisten waren nur noch kümmerliche versengte Reste übrig, viele waren nur als glimmende Ascheflöckchen heruntergekommen. Sie müßten irgendwie präpariert werden, dachte ich. Doch der Versuch war gelungen. Die Konservenbüchse hatte ihren Dienst getan. Ich versenkte sie im See.

*

Zum Treff mit Beate im »Mokka Efti« fuhr ich voller Triumph.

Beate wußte nichts von meinen Experimenten. Sie hatte ihre eigenen Sorgen: Ein Genosse mußte dringend für vierzehn Tage eine ruhige Bleibe erhalten, eine zuverlässige Lagerstelle für Literatur mußte gefunden werden, natürlich auch dringend – die üblichen Alltagssorgen der illegalen Arbeit. So hörte mir meine Gesprächspartnerin zuerst kaum zu, als ich ihr sagte, sie möge Emil Bescheid geben: Es habe schon funktioniert.

»Was hat funktioniert?« fragte sie. Dann sah sie mich stirnrunzelnd an. »Sag mal, wie siehst du überhaupt aus? Pomade im Haar, und die Augen – hast du dir etwa die Brauen schwarz nachgezogen?«

»Ich kann doch nicht plötzlich ohne Augenbrauen herumlaufen. Die echten sind weggebrannt. Also sag Emil: Die Sache funkt!« antwortete ich.

Zum erstenmal, seit ich sie kannte, war Beate eine Viertelstunde still und ließ mich ausreden.

»Und ausgerechnet jetzt muß Ruth im Gefängnis sitzen, wo du dringend jemand brauchst, der auf dich aufpaßt! Hat denn keiner im Haus den Knall gehört?«

»Gehört hat ihn sicher jeder. Aber bei uns wohnen so viele Bohemiens, denen man allen möglichen Krach und Spektakel zutraut. Passiert ist ja nichts.«

»Gott sei Dank, hätte ich beinahe gesagt. Sachen machst du, Sachen ...«

4
Ruths Prozeß

Zur Hauptverhandlung in Ruths Prozeß war der Moabiter Gerichtssaal nicht etwa gerammelt voll, wie ich in meiner Naivität erwartet hatte. Keine polizeilichen Absperrketten, keine Menschenmenge Kopf an Kopf, im Gegenteil, der geräumige Saal war nur schwach besetzt.

Ruths Mutter saß mit Herbert am Fenster. Sie hielt vorsichtshalber schon ein Taschentuch bereit. Die anderen Zuhörer, die auf den schwarzen, hochlehnigen Bänken verstreut saßen, waren im wesentlichen wohl auch Angehörige, Eltern und Geschwister.

Bewegung im Saal. Eine Seitentür ging auf, die Angeklagten wurden hereingeführt. Da kam die Liesel, groß und schlank, Susanne, Journalistin, klein, sehr selbstsicher, mit dunkelbraunem Lockenkopf, in elegantem Kostüm. Immer mehr, elf oder zwölf Unbekannte, eine ganze Gruppe.

Dann endlich kam Ruth herein. Sie blickte munter, als wollte sie sagen: Regt euch nicht auf, meine Lieben, es wird schon alles gut gehen. Ruth war die Kleinste. Anscheinend hatte sie sich besonders hübsch gemacht, heute, am letzten Tag, an dem sie als Untersuchungsgefangene eigene Kleider tragen durfte. Ein burgunderrotes Kleid trug sie, mit großem weißem Kragen.

So nah war sie mir und doch so unerreichbar. Ihre Mutter winkte aufgeregt mit dem Taschentuch, preßte es dann aber hastig vors Gesicht. Die Selbstbeherrschung ihrer Tochter übertrug sich nicht auf sie.

Das Gericht erschien, alles erhob sich von den Plätzen. Richter und Staatsanwalt hoben die Arme zum Hitlergruß und setzten sich umständlich. Dann begann die Verhandlung.

Obwohl ich Kandidat der Rechte war, interessierte mich das juristische Schauspiel kaum. Die ganze Wichtigtuerei war ja nur eine oberflächliche Verbrämung wie die schwarzen Talare der sogenannten Herren Richter. In Wirklichkeit legte der faschistische Machtapparat die juristischen Vorwände bereit, um die Gruppe von jungen Widerstandskämpfern hinter Schloß und Riegel zu bringen. Das einzige, was mich im Saal fesselte, war das Augenpaar, das von der Anklagebank auf mich gerichtet war.

Mit lässigem Seitenblick fragte der Vorsitzende: »Hat die Verteidigung irgendwelche Anträge?«

Unerwartet erhob sich neben Ruth ein zierliches Mädchen und rief laut und unerschrocken: »Wir verlangen, daß der Spitzel ... auch vernommen wird!«

Der Staatsanwalt lief rot an. Er sprang so abrupt auf, daß sein Stuhl umstürzte, und brüllte los: »Unerhört! Was unterstehen Sie sich! Sie haben hier überhaupt nichts zu verlangen! Diese Frechheit kommt Ihnen noch teuer zu stehen, verlassen Sie sich darauf!«

Dumpfes Raunen im Saal: Es gab also einen Verräter, durch den Ruths Gruppe aufgeflogen war! Wir wußten jetzt Bescheid.

Ungerührt schwenkte der Vorsitzende die Glocke und verkündete in kühlem Ton: »Im Interesse der Sicherheit des Staates wird die Öffentlichkeit ausgeschlossen. Der Saal ist sofort zu räumen.«

Mit traurigen Blicken zur Anklagebank, mit aufmunterndem Kopfnicken oder Winken gingen die Angehörigen und Freunde hinaus.

Nachdem wir vier Stunden mit Herzklopfen auf dem muffigen Flur gewartet hatten, ging endlich die Tür auf. Noch während wir aufgeregt hineindrängten, wurde das Urteil mit monotoner Stimme verlesen.

Ruth bekam zwei Jahre Gefängnis. Sie zuckte nicht zusammen, brach nicht in Tränen aus wie ihre fassungslose Mutter – sie nickte tröstend in den Saal hinunter, als ob sie das alles wenig anginge. Macht doch nichts! Auf Wiedersehen, meine Lieben, schien ihr Blick zu sagen, als sie mit den anderen Verurteilten von den Wärtern abgeführt wurde.

Zwei Jahre!

*

»Aux armes! Citoyens ...« (Die Waffen in die Hand! Bürger ...) Durchdringend schrillte ein Pfiff. Aus der Mensa kommend, blieb ich verblüfft stehen. Wer pfiff hier so ungeniert das traditionelle Signal der Roten Studenten aus der »Marseillaise«?

Übermütig schlenderte ein kurzbehoster junger Athlet mit langen Beinen über den sonnenüberfluteten Platz: Kuddel, Kurt Dyball, der Künstler. Die Julihitze machte ihm offenbar nichts aus. Nie verlor er seinen Humor. Man sah ihm jedenfalls nicht an, daß er schon mehrere Verhaftungen mit allem Drum und Dran hinter sich hatte.

»Kuddel, altes Haus! Bist du aber braungebrannt! Hast wohl Ferien an der Riviera gemacht?«

»Bloß an der Havel. Und Ferien? Na, Paddelboote lakkiert. Von irgendwas muß der Schornstein doch rauchen.«

Seine langen, schmalen Künstlerhände sahen schlimm aus. Den Sommer über als Lackierer zu arbeiten konnte dem Jungen doch nicht leichtfallen. Dabei war er vergnügt, als ob er das Große Los gezogen hätte. Offenbar hatte er etwas auf dem Herzen, aber ich ließ ihn nicht zu Wort kommen.

»Was machen die Bilder?« fragte ich.

Kuddel machte nämlich die Illustrationen für unsere Studentenzeitung – Federzeichnungen meistens, etwas wirr und vielleicht zu großzügig »hingehauen«, aber bei fotografischer Wiedergabe, verkleinert, kamen sie sehr schön heraus. Manche Zeichnungen, zum Beispiel »Kanonen statt Butter«, waren nahezu genial, fanden alle.

»Die Bilder? So gut wie fertig. Morgen kriegt ihr sie. Du, ich hab eine prima neue Stelle!«

Etwas überwältigend Neues war eine solche Nachricht nicht. Mit seinen neunzehn Jahren hatte Kuddel schon verschiedene Broterwerbe: Liftboy, Kellner, Porzellanmaler, Maurer, Tennislehrer und wer weiß was sonst noch alles.

»Was ist es denn diesmal?«

»Rate mal, ach was, rätst du doch nicht: Eintänzer!«

»Kleiner Gigolo, armer Gigolo? Ältere Damen auffordern, die sonst sitzen bleiben?«

»Im Café ›Cerberus‹. Fest angestellt, denk dir bloß! Schwarzer Anzug auf Kosten der Firma.«

Wie die meisten Kumpel unter den Roten Studenten hatte auch ich schon mit allem möglichen Geld verdient, hauptsächlich mit Stundengeben und Englischübersetzungen. Einmal hatte ich sogar Weihnachtsmann gespielt, mit rotem Pelzmantel und Wattebart. Aber Eintänzer?

Kuddels Augen strahlten – das Studium war auf längere Sicht gerettet. Im eleganten Abendanzug machte er bestimmt eine gute Figur.

»Mensch, Kuddel! Sieh dich bloß vor, daß dich die reiferen Damen nicht mitsamt deinem Frack vernaschen!«

»Ach was!« Kuddel winkte gelassen ab. »Aber weswegen ich dir hier aufgelauert habe, Kürbis: Emil läßt dir bestellen, daß er dich heute abend sprechen muß. Dringend, sagt er. Halb neun am ›Großen Stern‹.«

*

Auf einer Parkbank im Tiergarten, mit Sicht nach allen Seiten, ließ sich Emil Bericht erstatten.

»Du willst wohl auch unter die Eintänzer gehen!« begrüßte er mich schmunzelnd. »Beate war ja vor Begeisterung ganz hingerissen, als sie erzählte, wie du dich neuerdings mit Pomade und Augenbrauenstift schönmachst.«

Flugblatt der Roten Studenten für die Aktion am 1. August 1934

»Also du weißt Bescheid?«

Emil nickte vergnügt. »Gratuliere! Klappt es bis zum Ersten?«

»Klar! 1. August – Antikriegstag, dazu noch gerade zwanzig Jahre nach Ausbruch des Weltkrieges 1914, das ist ein Datum, an dem wir unbedingt etwas unternehmen müssen.«

»Ist die Füllung für dein Osterei schon fertig? Das Flugblatt?«

»Das muß noch alles getippt werden. Hier ist der Text.«

Emil las halblaut: »Heute wie 1914: Brandstifter am Werk! Kameraden, nur Rätedeutschland bringt uns Freiheit, Frieden, Brot!« Er zeigte auf das Blatt und sagte: »Ein Dokument wie das hier muß auch eine korrekte Unterschrift tragen. Schreib drunter: ›Die Hochschulgruppe der KPD‹.«

»In Ordnung.«

»Sollen wir dir ein paar Genossen zur Unterstützung schicken?«

»Nein, besten Dank. Es ist alles bis ins einzelne ausgetüftelt, ein Neuer würde bloß stören.«

»Weißt du übrigens schon, was gestern in Wien passiert ist? Die Nazis haben bei einem Putsch Dollfuß ermordet.«

»Den österreichischen Bundeskanzler?«

»Ebenden.«

»Wo hast du das her, Emil? Hier weiß doch noch kein Mensch was davon!«

»Wir haben gute Verbindungen zur Presse. – Für den 1. August Hals- und Beinbruch, Horst!«

Durch das Atelierfenster drangen gedämpfter Straßenlärm und milde Juliluft. Mit offenen Augen lag ich im Dunkeln. Neben mir tickte die Uhr in der Blechkapsel. Alles war drin, der Sprengstoff, die Flugzettel. Am 1. August 1934 sollten sie durch den Lesesaal der Universitätsbibliothek fliegen. Ein Böllerknall sollte vor einem kommenden Bombenkrachen warnen.

5
»Heute wie 1914 ...«

Wie gewöhnlich ging ich vom Bahnhof Friedrichstraße den bis ins einzelne festgelegten Weg, durchs hohe Portal, die Treppen hoch zum Lesesaal der Universitätsbibliothek. Der weite Raum voller Studenten, fast jeder Platz besetzt. Betriebsames Summen wie in einem Bienenhaus, und in meinem Kopf summte es auch. Wenige Minuten später würde mein Flugzettelböller die Stille durchbrechen – Warnung vor den Bomben eines zweiten Weltkrieges, denen ein paar Jahre später auch dieser Lesesaal zum Opfer fiel.

Ohne Aufenthalt ging es weiter, ein schmales Treppchen hoch, auf die Galerie über dem langgestreckten Saal. Hier oben war es leer. Die verstaubten Wälzer auf den hohen Regalen brauchte offenbar selten jemand.

Ich griff mir ein paar Bände und stapelte sie auf die Brüstung. Zwischen die Bücher stellte ich die Blechkapsel, die, kaum aus der Tasche gezogen, hörbar lostickte. Für mich ein Warnsignal. Noch ein Buch zur Tarnung davor, fertig.

Eine Last fiel von mir ab. Ruth wird davon hören, die Genossen werden sich freuen. Ohne mich umzusehen, ging ich hinaus. In der frischen Luft, im hellen Sonnenschein bekam ich Lust, herumzuspringen, wie vor Jahr und Tag, als ich aus dem Gefängnis Plötzensee entlassen worden war.

*

Jetzt aber an die Alibibeschaffung! Unter den Linden, Ecke Charlottenstraße, hielt ich eine Taxe an.

»Zum Kammergericht. Möglichst schnell, bitte!«

Wenn man mich wider Erwarten belangen sollte, wollte ich mich auf niemand Geringeren berufen als auf diese höchste Gerichtsinstanz in Berlin.

Einige Minuten später stieg ich am Kammergerichtsgebäude mit seiner protzigen Säulenfassade aus. Drinnen gähnende Leere. Im Vorzimmer nahm mich ein Kanzleidiener in Empfang und sah im Anmeldebuch nach. Da stand es: Schon vorgestern war der Termin für eine Audienz des cand. jur. Horst Taleikis in Sachen seiner Zulassung zum Staatsexamen beim Herrn Präsidenten vorgemerkt. Der Beamte verschwand und kam kurz darauf wieder. Er bedeutete mir: Der Herr Präsident lasse bitten.

Die hohe, schmale Tür zum Allerheiligsten wurde geöffnet. Ein Unbefangener hätte denken können, er sei in ein Museum geraten: geschnitzte Möbel, verschnörkelte Bücherregale voller Folianten und ein mit Akten und Büchern überladener Schreibtisch. Dahinter verschwand nahezu ein dürres Männchen – der Herr Präsident.

Er lächelte leutselig, erhob sich einige Zentimeter, reichte mir die Hand und nannte mich »Herr Kollege«. Mein schriftliches Gesuch überflog er mit einem Blick und erfaßte sofort die reichlich verworrene Angelegenheit. Ein Griff nach einer der Gesetzessammlungen, die vor ihm auf dem Tisch standen – und innerhalb von wenigen Sekunden tippte sein Zeigefinger auf den entsprechenden Paragraphen der diesbezüglichen Verordnung.

Normalerweise wäre ich wohl recht verlegen gewesen, sicher hätte auch die hochamtliche Atmosphäre auf mich gewirkt. Jetzt aber scherte mich das alles wenig. Über dem Schreibtisch des Präsidenten hing nämlich eine alte Uhr, und der Zeiger rückte auf Punkt zwölf. Jetzt muß es losgehen, dachte ich aufgeregt.

In diesem Augenblick krachte es im Lesesaal. Die Studenten sprangen hoch und starrten zur Galerie, von wo

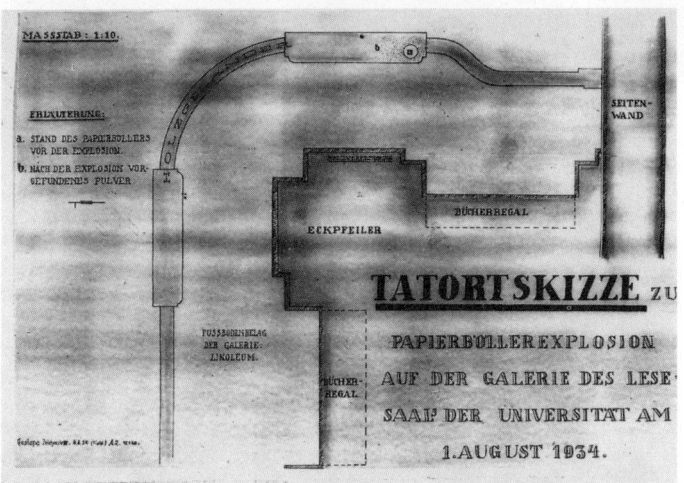

Skizze der Gestapo vom Standort des Flugzettelböllers
in der Universitätsbibliothek

eine Rauchwolke aufstieg und sich unzählige Flugblätter über den Saal verstreuten, ein Menetekel wie zu Belsazars Zeiten. Die »Flammenschrift« war deutlich zu lesen, doch statt der Magier kam ein Polizeiaufgebot und arbeitete bereits auf hohen Touren, als ich noch im Kammergericht dem Herrn Präsidenten gegenübersaß.

*

Am nächsten Abend kam Herbert zu Besuch, mit den üblichen Sorgen: Artikel, Material, Flugblätter. Er ließ durchblicken, daß er nichts dagegen hätte, in den nächsten Tagen wieder eine Zeitung fotografisch zu vervielfältigen.

»Nein, mein Lieber, daraus wird vorläufig nichts. Ist mir streng verboten.«

»Wieso denn?«

»Frag Emil, wenn du es genau wissen willst.«

»Merkwürdig. Überhaupt bist du in letzter Zeit so zerstreut«, meinte Herbert. »Fehlt dir was?«

»Ach wo, gar nichts.«

Natürlich fehlte mir etwas – eine Nachricht über den

Lesesaal der Universitätsbibliothek

Ausgang der Bölleraktion. Mehr als dreißig Stunden waren vergangen, und immer noch hatte ich keine Ahnung. Emil hatte versprochen, Bescheid zu geben, und zugleich verboten, daß ich auf eigene Faust Nachforschungen anstellte. So saß ich wie auf Kohlen.

> Kriminalgruppe E
> Sonderkommission Funkhalle VI
>
> # Akten
> ## Band V
>
> **Betrifft: Versuchte kommunistische Demonstration in der Universitätsbibliothek – Lesesaal –** am 1. 8. 34.
>
> Index-Nr.: Po. 6989 K. 11. 34.

Akten über die Untersuchung der Flugblattaktion

Herbert betrachtete mich kritisch wie ein Arzt einen Patienten, der an seiner Krankheit selber schuld ist.

»Überarbeitet, würde ich sagen, wenn ich nicht wüßte, daß du sowieso nichts Vernünftiges tust. Du solltest mal zu uns nach Tempelhof rauskommen, frische Luft schnappen. Meine Eltern haben da einen kleinen Garten hinterm Haus. Was meinst du, wie neugierig Mutti darauf ist, den Freund ihrer Tochter kennenzulernen. Die läßt übrigens Grüße an ihre Freundin ›Helga‹ bestellen ...«

Ich brachte Herbert zur Haustür. Draußen war die Luft weich und warm, und ich beschloß, Herbert noch bis zum Bahnhof Charlottenburg zu begleiten.

»Gestern hat's im Lesesaal einen ganz schönen Knall gegeben«, bemerkte Herbert beiläufig.

»Was?« rief ich aus und blieb stehen. »Woher hast du das?«

»Von Emil. Er sagte übrigens, ich soll's dir bestellen. Und daß er heute abend um zehn auf einen Anruf von dir wartet.«

»Und das sagst du mir erst jetzt? Na los, was war damit?«

»Es steht in einer Schweizer Zeitung.«

»In welcher? Sag schon!«

Aber Herbert, bekannt wegen seiner Schlagfertigkeit, sagte vor Verblüffung erst einmal gar nichts. Nach einem Rippenstoß stieß er schließlich hervor: »Basler Nachrichten.«

Ich ließ ihn stehen, ohne auch nur den Bruchteil einer Sekunde auf Abschiedsworte zu verschwenden. Er kannte jetzt sowieso die Ursache meiner Erregung. Dauerlauf zum Zeitungsstand am Bahnhof, her mit der Zeitung. Ich brauchte sie nicht erst zu entfalten, es stand auf der ersten Seite: »Flugzettelbombe an der Berliner Universität.«

Unsere Aktion war gelungen.

*

Das Häuschen in der stillen Straße in Tempelhof, wo Ruths Eltern wohnten, kannte ich bisher nur von weitem. Herbert hatte mich schon mehrmals eingeladen, so fuhr ich eines Sonntags hin. Ruths Mutter begrüßte mich herzlich, daß ich mich gleich wie zu Hause fühlte. Sie war ihrer Tochter recht unähnlich, nur ihre großen Augen hatten denselben offenen Ausdruck. Auf den ersten Blick akzeptierte sie mich ohne Vorbehalt. Ich war eben Ruths Freund, also übertrug sie ihre Mutterliebe auch auf den fremden Jungen. Sie nahm mich beim Arm und führte mich ins Haus wie einen alten Bekannten.

Kleine, enge Stuben, schmaler Korridor, niedrige Türen. Aha, dachte ich, deswegen geht Herbert immer so nach vorn gebeugt.

Der Garten war von denselben bescheidenen Ausmaßen wie das Haus, aber wenn man sich nicht so weit von der Stelle rührte, konnte er dennoch beeindrucken – eine Fülle von Bäumen, Sträuchern und Blumen. Ein einziger Pfad schlängelte sich durch das kleine Paradies und verlor sich im Himbeerdickicht. Wer sich mitten auf den Weg postierte, konnte von dort aus mit dem Gartenschlauch bequem die ganze Herrlichkeit in hohem Bogen begießen.

Damit war denn auch Ruths Vater angelegentlich beschäftigt. Mittelgroß, stämmig, mit leicht ergrautem schütterem Haar, so stand er ruhig, wie ein Baum unter Bäumen, und ließ sich in seiner Tätigkeit nicht stören, bis auch der letzte Grashalm sein Teil abbekommen hatte.

»Schöne Bäume haben Sie hier«, sagte ich.

»Verstehen Sie denn etwas davon?« fragte er.

»Von Äpfeln schon, von der Gärtnerei weniger.«

Der alte Herr brummte etwas. Genau das hatte er sich offenbar gedacht. Er spritzte noch die neugepflanzten Stauden ab, drehte den Hahn zu und zeigte mir dann sein Besitztum, vom Staketenobst bis zu den Gemüsebeeten.

Vom Haus her klang dringendes Rufen. Auf dem Rasenstück stand der Kaffeetisch gedeckt, ein goldbrauner Napfkuchen thronte darauf. Durch das offene Küchenfenster reichte Herbert eine dickbäuchige Kaffekanne direkt zum Tisch.

Der Kuchen zerging förmlich auf der Zunge, ich sparte nicht mit anerkennenden Worten.

»Backt man bei Ihnen denn nicht auch so?« fragte die Hausfrau und: »Wie geht es denn Ihren Eltern?«

Als sie hörte, daß meine Familie schon seit Jahren in Litauen war, seufzte sie: »Da können Sie froh sein. Man weiß ja nie, was einen morgen erwartet.«

Der Hausherr versuchte, die Stimmung zu retten: »Was soll denn schon passieren?«

Die Mutter senkte den Kopf. »Und Ruthel? Wer weiß, ob sie wenigstens am Sonntag ordentlichen Kaffee bekommt!«

»Die übliche Lorke«, warf ich sachkundig ein. »Farbe und Geschmack wie Abwaschwasser. Aus verbeulten Blechtöpfen natürlich, lauwarm und ungesüßt. Aber das macht nichts, man gewöhnt sich daran.«

»Vielleicht gibt es bald eine Amnestie?« fragte Ruths Mutter hoffnungsvoll.

»Gar nicht daran zu denken«, widersprach Herbert mitleidslos. »Wenn sie nach ihren zwei Jahren wirklich herauskommt und nicht gleich ins KZ gebracht wird, können wir froh sein.«

»Besser hätte sie ihre Nase nicht in Sachen stecken sollen, die sie nichts angehen«, meinte der Hausherr. »Was hat so ein Mädel auch mit Politik zu schaffen?«

Herbert warf mir einen Blick zu, der deutlich besagte: Schwierig, schwierig, die alten Herrschaften aufzuklären!

Der Sonntagsfrieden wurde durch Motorenlärm gestört, der vom Tempelhofer Feld herüberdrang, kaum zwei, drei Kilometer entfernt. Mitten im schönsten Gespräch brauste plötzlich eine Staffel Flugzeuge mit Donnergetöse ganz niedrig über das Haus. Mißbilligend sah Vater Ansbach den Maschinen nach, die wie Schatten in Sekundenschnelle hinter dem Laubgewirr verschwanden.

»Wieder die neuen Zweimotorigen«, sagte Herbert.

»Manchmal kommen so viele auf einmal, daß man denkt, das Haus stürzt ein«, meinte die Mutter.

»Vom Lärm wird es schon nicht einstürzen«, antwortete Herbert trocken, »aber wenn es erst mal mit dem Bombardieren losgeht! Die Brüder können es ja gar nicht erwarten.«

»Bis alles in Scherben fällt«, sagte ich mit Anspielung auf das Nazilied.

»Aber ich bitte Sie! So schlimm wird es doch nicht gleich kommen!« Die Stimme des alten Herrn klang beruhigend.

»Vielleicht kommt es noch viel schlimmer, als wir es uns vorstellen können«, erwiderte Herbert.

Der Vater winkte mürrisch ab. »Auf die Dauer kann es mit dieser Naziregierung nicht weitergehen, früher oder später wird sie schon abwirtschaften. Überhaupt, Kinder, müßt ihr einem den schönen Sonntag unbedingt mit Politik verderben?«

Ich tauschte mit Herbert wieder einen verständnisvollen Blick.

Alle vier waren wir beim Abschied recht angeregt. Auf der Anrichte im Wohnzimmer stand noch ein Napfkuchen. Herbert bemerkte meinen bewundernden Blick.

»Der ist für Ruth. Vor einem Jahr hat Mutter noch Erich Mühsam einen zukommen lassen.«

»Im Gefängnis?«

»In der ›Plötze‹.«

»Hatten Sie denn keine Angst?« fragte ich Frau Ansbach und dachte an ihre Tränen bei Ruths Verurteilung.

»Wovor denn?«

»Aber da mußten Sie doch Ihren Namen angeben!«

»Da sagte ich immer ›Anders‹, einfach ›Anders‹. Stimmt doch auch: Ich heiße ja wirklich anders.«

Daß Erich Mühsam an diesem Augustsonntag nicht mehr am Leben war, erfuhren wir erst viel später: Der Dichter war in der Nacht vom 9. zum 10. Juli 1934 im Konzentrationslager Oranienburg ermordet worden.

Herbert sollte recht behalten mit seiner Prognose, daß alles noch viel schlimmer kommen werde. Wer hätte es an diesem Sonntag für möglich gehalten, daß man Herberts Eltern, arbeitsame, rechtschaffene und liebenswerte Menschen, wenige Jahre später zusammen mit unzähligen anderen Unschuldigen wie Vieh abtransportieren und in Auschwitz in die Gaskammern treiben würde?

*

Die zwei Monate »Schutzhaft« vom vergangenen Frühjahr hatten für mein Studium keine erkennbaren Folgen. Ich wurde nicht relegiert, nicht einmal vor das Rektorat geladen. Anscheinend waren die Hochschulbehörden überhaupt nicht benachrichtigt worden.

Der Apparat der faschistischen Polizei war damals noch nicht so eingespielt, und es gab außerdem Beamte, die noch der Weimarer Republik anhingen. 1933/34 war zu unserem Glück manches möglich, was im Zuge der »Durchorganisierung des Reiches« später undenkbar gewesen wäre.

Ich ging also wie früher in die Vorlesungen und Seminare, erst leicht erstaunt, dann mit der größten Selbstverständlichkeit.

Indirekte Folgen hatte die Haftzeit trotzdem. Zwei verlorene Monate mitten im Semester, das bedeutete drei versäumte Praktika, drei zum Staatsexamen unbedingt erforderliche Testate. Zwei davon holte ich im Wintersemester nach.

Das ging keineswegs glatt. Der Ordinarius für Zivilrecht war ein berüchtigter Pedant. Er dozierte so langsam, daß ein Zehnjähriger bequem hätte mitschreiben können. Seine gelangweilten Hörer demonstrierten gern eine Probe aus seinen Vorlesungen:

»Meine Damen und Herren! Wir kommen zum Kapitel einhundertsiebenundzwanzig: Das Notariat. Groß A: Die Arten der Notare.

Meine Damen und Herren! Es gibt zwei Arten von Notaren: Erstens: Der Nurnotar, und zweitens: Der Auchnotar.

Römisch Eins: Der Nurnotar. Meine Damen und Herren! Der Nurnotar ist *nur* Notar. Römisch zwei: Der Auchnotar: Meine Damen und Herren! Der Auchnotar ist *auch* Notar.«

Auf meine Bitte, die Hausarbeit vom vergangenen Semester nachholen zu dürfen, reagierte der Pedant ohne Verständnis. Ich mußte tatsächlich das ganze Praktikum von neuem belegen.

Das genaue Gegenteil von ihm war der Professor für Strafrecht, ein Weltmann und Witzereißer. »Mit Unwissenheit allein, meine Damen und Herren«, pflegte er zu sagen, »mit Unwissenheit allein werden Sie wohl kaum durchs Staatsexamen kommen.« Bei den Nazibeamten an den Hochschulen war er seiner liberalen Vergangenheit wegen nicht wohlgelitten. Deshalb ließ er keine Gelegenheit vorübergehen, sich bei den neuen Vorgesetzten anzubiedern.

Nach der Vorlesung trat ich zu ihm ans Katheder. »Gestatten, Herr Professor – bei Nachtübung Pech gehabt, kleine Lungenentzündung geholt. Konnte Klausur bei Ihnen nicht schreiben.«

»Aber Teuerster!« unterbrach er mich. »Reine Formsache! Da schreiben Sie eben statt dessen eine kleine Hausarbeit. Lassen Sie sich von meinem Assistenten ein Thema geben. Mit Literaturhinweisen.«

Zwei Testate waren also geschafft, und jetzt das letzte Praktikum: Staatsrecht.

Wieder ein ganz anderer Mensch, ein junger Jurist mit demokratischen Ansichten. Seine Vorlesungen mit hochinteressanten praktischen Beispielen waren das ganze Semester über gut besucht.

Eines Tages kam er eiliger als sonst ins Auditorium. Hochrot und hastig verlas er eine Loyalitätserklärung. »Sie können überzeugt sein, meine Damen und Herren«, schloß er mit niedergeschlagenen Augen, »daß ich meine Vorlesungen stets im Geiste unseres Führers Adolf Hitler halten werde.«

Eine Gruppe von Leuten in der vordersten Reihe, uns

völlig unbekannt, trampelte wie besessen Beifall. Trotzdem klang es recht dünn; die Stammhörer hielten sich mitfühlend und betreten zurück. Allen war klar, wie so eine Ergebenheitserklärung zustande kam.

Mit diesem Dozenten konnte man offener reden. Ich ging also in der Pause zu ihm und trug ihm mein Anliegen vor. Ich sei voriges Jahr in Haft gewesen, ja, in »Schutzhaft«. Der Dozent sah sich scheu um. »Kommen Sie doch heute abend in meine Wohnung. Hier ist meine Adresse.«

Eine schöne Villa. Das Hausmädchen öffnete. Behagliche Räume, Bücher, Blumen und mildes Aroma von guten Zigarren. Der Dozent empfing mich in gesteppter Hausjacke. »Guten Abend, Herr Kollege, nehmen Sie doch Platz. Was war denn mit Ihnen?«

Ich zeigte ihm die Papiere: Polizeigefängnis Alexanderplatz, Strafanstalt Plötzensee.

»Da haben Sie die Kehrseite der Jurisprudenz kennengelernt. Ich dachte mir schon so etwas, nach dem Referat über die sowjetische Verfassung, das Sie damals – das war wohl vor zwei Jahren – in meinem Seminar hielten.«

Er brach ab, das Mädchen erschien mit einem appetitlich hergerichteten Tablett.

»Sie trinken doch eine Tasse Tee mit? Ja, wegen Ihrer Hausarbeit: Da hätte ich ein Thema, das Ihnen sicher liegt.«

Das Mädchen machte hinter sich die Tür zu, und der Dozent, etwas nervös an seiner Zigarre ziehend, fuhr fort: »Hat man Sie dort auch nach Ihrer Verhaftung ... Man hört so furchtbare Sachen, ist Ihnen etwas passiert?«

»Nein, mir selber nicht. Zu sehen bekommt man allerdings manches. Am Alex lagen wir ja zu achtzig Mann in einer Zelle.

»Achtzig Mann in einer Zelle? Wie groß war denn die?«

»Ungefähr wie dieses Zimmer, vielleicht etwas kleiner und nicht so hoch. Sechs Pritschen standen darin.«

»Und die übrigen vierundsiebzig Gefangenen?«

»Schliefen natürlich auf dem Zementfußboden. Nachts kriegte man dauernd die Schuhe von den Nachbarn ins Gesicht.«

»Alles Politische?«

»Auch Kriminelle, etwa drei Viertel Politische, was heute so alles als verdächtig gilt. Die meisten aber natürlich Arbeiter – Gewerkschafter, Sozialisten, Kommunisten, Mitglieder vom Reichsbanner Schwarz-Rot-Gold. Viele waren derartig zusammengeschlagen, daß sie nicht einmal richtig liegen konnten. Ein Junge war unter ihnen, völlig abgerissen und unheimlich blaß. Er erzählte mir, daß sie ihn in der SA-Kaserne drei Wochen lang ›in der Mache‹ gehabt hätten. Sie suchten seinen Bruder. Der Junge war fertig. ›Wenn's bloß schnell vorbei wäre‹, sagte er. Als sie uns vom Alex im Transportauto nach Plötzensee brachten, wurde dem Jungen im schaukelnden Wagen plötzlich schlecht. Der Transportführer tobte: ›Verfluchte Sauerei! Kotzt der Kerl hier den ganzen Laden voll!‹ Er schaltete Licht an, und als er sah, daß der Junge Blut erbrach, wurde er auf einmal still.«

Unvermittelt stand der Dozent auf. Zu meiner Verblüffung holte er ein Gewehr, stieß eine Tür auf, legte an und schoß, mehrmals hintereinander. Neugierig trat ich näher. Hinter der offenen Tür sah man einen Flur und am anderen Ende eine erleuchtete Zielscheibe.

»Mein Beruhigungsmittel«, erläuterte der Dozent. »Wollen Sie auch einmal probieren?«

Ich griff nach dem Gewehr.

»Alle Achtung!« lobte der Dozent, als drei Schuß hintereinander ins Schwarze trafen. »Wie schaffen Sie das trotz Ihrer Brille?«

»Das ist gar nicht so schwierig. Man muß sich ein Ziel vorstellen, das es zu treffen lohnt«, erwiderte ich mehrdeutig.

»Ja«, seufzte der Dozent, »ein Ziel, ein Ziel!«

Auf dem Heimweg mußte ich noch immer an meine Haftzeit denken. Ich war in der Wohnung einer alten Genossin verhaftet worden, deren Mann sie schon früher geholt hatten. Unvorsichtig von mir, dort Unterkunft zu suchen. Aber die Regeln des illegalen Kampfes ließen sich nicht von heute auf morgen erlernen, und meinen Leichtsinn haben mir Emil und Willi später noch oft vorhalten müssen. Ich war damals gerade einundzwanzig.

Da hockte ich in der überfüllten Untersuchungszelle, bekam kaum Luft und überlegte, ob die Nazis etwas von meiner Beteiligung an der Herausgabe der illegalen Studentenzeitung wissen konnten. Vielleicht steckte nur eine der ungezählten Denunziationen dahinter. Ich nahm mir vor, den harmlosen Jurastudenten zu spielen, der von den Behörden durch die Verhaftung bei seinen Examensvorbereitungen gestört wurde.

Während der Wartezeit galt es, sich ab und zu auf Neuzugänge einzustellen. Dazu standen immer vier Mann bereit. Der Neue wurde nämlich jedesmal mit einem brutalen Fußtritt in die Zelle geschleudert und mußte sich und andere verletzen, wenn man ihn nicht auffing.

Als ich nach zwei Monaten ohne irgendwelche Erklärungen freigelassen wurde, wechselte ich schleunigst mein Quartier. Für meine Art von Tätigkeit brauchte ich eine Gegend, wo man möglichst wenig auffiel. Das Künstlerviertel am Kurfürstendamm schien mir am geeignetsten. Hier standen auch viele Zimmer leer.

Von den anderen Genossen hielt ich mich vorsichtshalber einige Wochen fern. Grete Wittkowski kam eines Tages unvermittelt zu mir und ließ sich alle Einzelheiten meiner Haftzeit erzählen. Am Schluß meinte sie: »Na, dann wird es ja Zeit, daß du wieder einmal etwas tust!« Damit war ich wieder bei den Roten Studenten – speziell bei Emil.

Auch »Pym« – Ruth Ansbach – durfte ich nach vier

Wochen wiedersehen. Sie erzählte mir von dem persönlichen Vermächtnis des Genossen Hans Otto an sie. Bis wenige Wochen vor seiner Verhaftung hatte sie Kurieraufträge für ihn ausgeführt. Er erschien bei den Treffs einmal als eine Art biederer Bankbeamter, ein andermal im sportlichen Habit eines Freizeitradlers. Oft sprach er von der Gemeinschaft der antifaschistischen Widerstandskämpfer, in der sich einer fest auf den anderen verlassen könne. Von ihm jedenfalls würden die Faschisten keine Informationen erpressen. Er hat sein Wort gehalten, unter bestialischen Torturen, bis zu seiner Ermordung. In schwierigen Situationen hat uns sein Beispiel Kraft gegeben.

*

Der Zeichner Friedrich Gäbel hatte sich in seinem Stübchen neben meinem Atelier ganz behaglich eingerichtet. Der kleine Raum war allerdings recht vollgestopft. Schrank, Tisch und Klavier hätten ihn durchaus schon ausgefüllt; es standen aber außerdem noch einige wacklige Regale herum, voll von Zeichnungen und Papieren. Auch auf Schrank, Klavier und Fensterbrett türmten sich Stapel von Bildern und Zeichnungen, alte Jahrgänge der »Jugend« und des »Simplicissimus«. Manchmal war es schwierig, von der Tür zum Fenster durchzukommen. Hier und da lagen Zigarrenstummel verstreut, die Luft war immer blau – mit einem Wort, ein echtes Junggesellenidyll.

Friedrich war stets zu einem vergnügten Gespräch bereit, nur donnerstags fand man ihn mürrisch und übelgelaunt. Da mußte er nämlich Humor produzieren – eine schwere, undankbare Arbeit unterm Naziregime. Abends war Ablieferungstermin, deshalb schwitzte der Ärmste an diesem Wochentag vom frühen Morgen an.

Der Zeichner hatte nichts dagegen, wenn man ihm bei der Arbeit zusah. Seine Stärke waren die komischen Details, auch wenn sie nicht unbedingt zum Thema gehörten. »Die Leute wollen was sehen für ihr Geld«, pflegte er zu sagen. Auf fast jeder Zeichnung kam bei ihm ein Rabe vor, auch wenn es deswegen in der Redaktion Krach gab. Irgendwie schmuggelte er ihn doch ein. Offenbar war der Rabe für ihn ein Ausdruck des Protestes: Ihr könnt den Künstler zwingen, wer weiß was zu malen für ein Stück Brot. Aber hier sitze ich, sein Wappentier, und krächze euch eins.

An diesem Donnerstag saß Friedrich Gäbel nachmittags noch mißmutig und untätig vor seinem Reißbrett und kaute verdrießlich an seinem Zigarrenstummel.

»Stellen Sie sich vor: Einen loyalen Bürger soll ich darstellen. Keinen ›Goldfasan‹ oder SA-Mann mit Heldenvisage, sondern einen normalen, nicht uniformierten Bürger, dem ›die freudige Bejahung des Dritten Reiches‹ im Gesicht geschrieben steht. So ein Blödsinn.«

Kein Zureden half.

»Haben Sie eine Ahnung, was das bedeutet, wenn man zeichnen muß, was einem gegen den Strich geht? Da verschmiere ich ein Blatt nach dem anderen, und aus dem verlangten treu blickenden Bürger wird immer, weiß der Teufel, entweder ein Idiot oder ein Trottel.«

Plötzlich kam Leben in seine Augen. Er schlug auf das Reißbrett und sagte triumphierend: »Ich hab's: Ich zeichne *Sie*!«

Was blieb mir übrig, ich mußte mich in Positur stellen und freundlich in Richtung Fenster blicken. Das Schmunzeln kam von selbst bei dem Gedanken, ausgerechnet als loyaler Nazianhänger verewigt zu werden. Strich um Strich warf der Zeichner aufs Papier.

Laut lachend zeigte er mir das fertige Blatt: Spitznasig und wuschelköpfig stand ich vor einem geifernden kleinen Wicht und hob überlegen abwehrend die Hand. Der häßliche Zwerg sollte das neueste Schlagwort der Nazipropaganda vom »Meckerer und Miesmacher« verkörpern. Er sah einer Illustration zu einem illegal verbreiteten Flugblatt: »Hütet euch vor dem Pferdefuß!« durchaus ähnlich. Und in eine Ecke hatte Gäbel doch wahrhaftig wieder seinen Raben geschmuggelt, der vorsichtig, aber mit maßloser Verachtung auf die Szene herabsah.

*

Beate war noch mehr in Fahrt als gewöhnlich. »Du, Oxforder Studenten haben für unsere Gruppe zweihundert Mark gesammelt!«

»Extra für uns?«

»Stell dir vor! Sie schicken uns viele Grüße als Ausdruck ihrer brüderlichen Solidarität und als praktische Leute auch etwas Geld, das sie bei einer Kundgebung für uns gesammelt haben. Das schwierigste war, uns die Grüße und das Geld so zu übermitteln, daß es auch in die richtigen Hände kam.«

Vor Beginn des Faschismus hieß es bei den Roten Studenten oft: »Spendet für die Opfer des weißen Terrors in China! – Solidarität mit den mexikanischen Studenten! – Wir sammeln für die italienischen Kommilitonen. Gib schon ein paar Mark!« In Italien ist Faschismus, da haben es die Genossen nicht leicht, dachte man und griff in die Tasche. Ja, und jetzt waren wir dran.

»Großartig, Beate! Zweihundert Mark, davon kann man ja ...«

»Nein, mein Lieber«, unterbrach Beate. »Das Geld ist schon alle. Ein paar Genossen mußten unbedingt über die Grenze. Willi sagte, das geht vor.«

In dieser Zeit war die illegale Partei unser ganzer Halt. Ich erinnerte mich an die Tribüne vor dem Karl-Liebknecht-Haus bei der letzten Demonstration am 25. Januar 1933. Thälmann stand da oben mit seinen engsten Mitarbeitern. Willi und Emil hatten das Vertrauen der Partei. Dann lag die Gruppe richtig, und alles war in bester Ordnung.

*

Herbert wußte nicht so geschickt wie Willi seine Überraschung zu verbergen, als er Fritz in Uniform auf meinem Sofa sah. Zwar erhob der sich gleich höflich zur Begrü-

Demonstration Berliner Arbeiter gegen den Hitlerfaschismus
vor dem Karl-Liebknecht-Haus, 25. Januar 1933.
Auf der Tribüne Ernst Thälmann, John Schehr, Walter Ulbricht,
Franz Dahlem und weitere Mitglieder des ZK der KPD

ßung, aber geheuer war die Sache für Herbert deshalb noch nicht.

Als ich den Kaffee brachte, hatten die beiden aber schon Kontakt miteinander aufgenommen.

»Erst hat's mir ja Spaß gemacht«, erzählte Fritz. »Immer mittendrin sein, wo was los ist, allerhand mit ansehen und merken, was da gespielt wird. Aber jetzt hab ich die Nase voll, möchte nichts wie raus aus dem Verein.«

»Bloß nicht!« beschwor ihn Herbert eindringlich. »Wir brauchen doch überall Verbindungen, das ist kolossal wichtig.«

»Alles schön und gut, wenn man nicht mitmachen muß. Und langsam bekommt man es auch satt, in dieser Uniform herumzulaufen und anständige Menschen zu erschrecken.«

»Hilft dir nichts, Fritz, in Uniform geht heute manches leichter. Wie ist eigentlich die Sache mit dem Büchertransport ausgegangen?« fragte ich ihn.

Willi hatte ihm den Auftrag erteilt, die Bibliothek eines verantwortlichen Genossen in Sicherheit zu bringen.

Fritzens Laune besserte sich augenblicklich.

»Es war eine mächtig große Kiste, sehr schwer und dabei reichlich schwach gebaut, aus lauter klapprigen Latten und Schwarten zusammengenagelt. Konnten eure Leute nicht wenigstens vernünftige Bretter auftreiben?«

»Die müssen es eilig gehabt haben. Ist die Kiste etwa schon beim Aufladen aus dem Leim gegangen?«

»Da noch nicht. Ich hatte einen Lastwagen mit zwei kräftigen Fuhrleuten. Wir schwitzten ganz schön, bis wir das Ding hinten drauf hatten. Dann ging's ab nach Lichterfelde, der Laster vorneweg und ich mit meiner Nukkelpinne hinterher. Mensch, dachte ich, wenn die Kiste jetzt runterkippt und die Bücher zum Vorschein kommen!«

»Und? Ist sie abgekippt?«

»Immer mit der Ruhe, mein Lieber. Kurz vorm Ziel fuhr mir ein Motorradfahrer beinah in den Wagen. Bis er mir den Weg freigab, hatten die Fuhrleute schon mit dem Abladen angefangen. Ich brüllte ›Vorsicht!‹, da war's schon passiert: Die Kiste krachte auf die Straße ...«

»Ach, du grüne Neune!«

»... und platzte natürlich auf. Ein Seitenbrett riß ab, und die Bücher kamen zum Vorschein. Ich sprang aus dem Auto, aber da angelte einer von den Fuhrleuten schon einen dicken, rotgebundenen Wälzer heraus. Ich sah von weitem, was es war, du hattest ja früher die gleichen Bände bei dir stehen ...«

»Leninbände?«

»Genau. Ich konnte ihm das Buch gerade noch aus der Hand nehmen. ›Medizinische Bücher sind das‹, erklärte ich ihm, ›aber nun dalli, Männer, ich hab keine Zeit.‹ Wir klopften das Brett mit dem Schraubenschlüssel fest und schleppten die Unglückskiste in den Keller, ich immer am kaputten Ende.«

»Das ist ja noch mal gut gegangen. Hol dir nur ab und zu eins von den ›medizinischen Büchern‹ aus dem Keller!«

»Das hab ich vor. So, Kinder, und nun muß ich loszittern! Macht's gut!«

Nachdem Fritz gegangen war, sagte Herbert: »Dein Vetter ist das? Du, den müssen wir uns warmhalten!«

Wie immer kam Herbert erst gegen Ende seines Besuches zur Sache: »Übrigens, mein Lieber, du mußt bald noch einmal so einen ›Knallkorken‹ steigen lassen. In ein paar Wochen beginnt hier eine Internationale Funkausstellung. Die Sache wird ganz groß aufgezogen, bestimmt kommt eine Menge Publikum hin. Die Gelegenheit kommt nicht wieder ...«

Im Namen des Jugendverbandes legte er die stolze Summe von zehn Mark auf den Tisch. Das war sozusagen die Finanzierung des »Unternehmens Funkausstellung«.

6
Aktion auf der Funkausstellung

Im Atelier sah es wüst aus, bis in die Nacht hinein hatten wir beide, Kuddel und ich, zu tun gehabt, und noch war kein Ende abzusehen.

Abends waren die Flugblätter, deren Text auf Wachsplatten getippt war, ausgedruckt. Bei dünnem Seidenpapier ist das keine einfache Sache: Nimmt man ein bißchen Farbe zuviel, verlaufen die Zeilen zu einem einzigen Klecks.

Kuddel war der richtige Mann für diese Arbeit. Er hatte das Drucken von Holzschnitten, Kupferstichen und anderem gelernt, seine Künstlerhände besaßen das nötige Fingerspitzengefühl.

Anschließend mußten die Blätter trocknen. Tisch, Sofa, Stühle und der ganze Fußboden waren mit raschelndem rotem Seidenpapier bedeckt. Danach wurden die Blätter präpariert, damit sie in der Explosionsflamme nicht verbrannten.

Unser Chemiker hatte zu diesem Zweck eine Salzlösung ausgetüftelt, die mit dem Zerstäuber aufgesprüht werden mußte. Ein Blatt nach dem anderen bekam seine Dusche und wurde behutsam an Fäden aufgehängt, die kreuz und quer durchs Atelier verliefen.

Wenn jetzt jemand gekommen wäre, wie damals die SA-Leute bei ihrer »Sammlung«, es hätte keine Ausrede gegeben. Deshalb machten wir die Arbeit auch nur nachts.

So dünn die Blätter waren, trockneten sie doch sehr langsam.

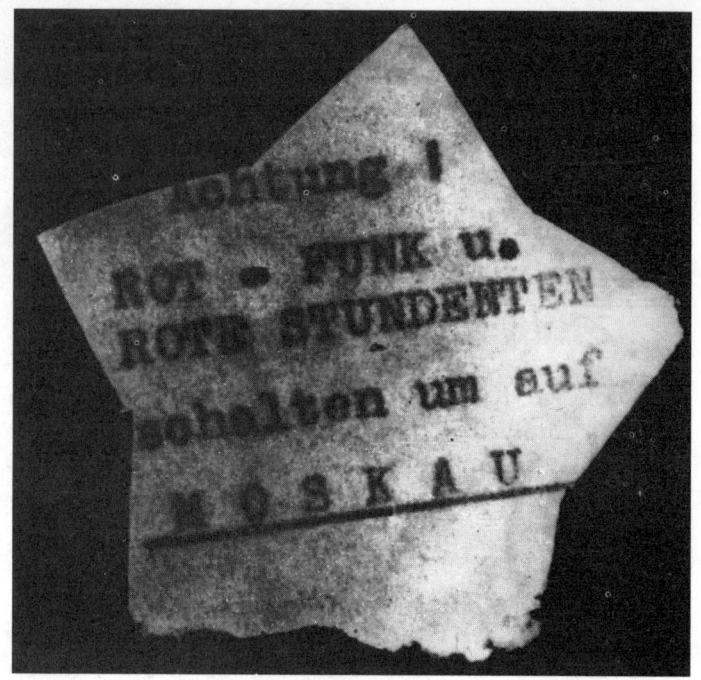

Flugblatt der Roten Studenten
für die Aktion auf der Internationalen Funkausstellung
am 26. August 1934

»Leg dich hin, Kuddel, du wirst müde sein«, schlug ich vor.

Er streckte sich auf dem Sofa aus, ich löschte das Licht und setzte mich aufs Bett. Eine Minute, dachte ich ...

Ich fuhr hoch. Kuddel hatte Licht gemacht und rüttelte mich jetzt ungeduldig. »Wach auf, die Blätter sind schon trocken!«

Bis Tagesanbruch war noch viel zu tun. Die Blätter waren wellig und verzogen vom Imprägnieren. Aus jedem einzelnen Blatt mußten nun vier Sterne ausgeschnitten werden. Und das alles mit Handschuhen, um Fingerabdrücke zu vermeiden.

Als der Morgen dämmerte, war das Zimmer voller roter Sterne. Wir konnten eine Pause einlegen, miteinander reden, wozu wir bei den flüchtigen Begegnungen unterwegs nur selten kamen.

»Wie lange bist du eigentlich in der Partei?« fragte Kuddel.

»Vier Jahre, seit 1930«, antwortete ich nicht ohne Nachdruck. Mit knapp achtzehn Jahren Mitglied der KPD, das war mein Stolz fürs ganze Leben. Kuddel hatte 1930 noch Indianer gespielt und für Karl May geschwärmt, in seinen Augen war ich fast ein Veteran.

»Wie bist du denn zur Arbeiterbewegung gekommen?« fragte er. »Doch nicht von Hause aus?«

»Meine Eltern sind streng konservativ. Als Primaner fiel mir zufällig Lenins ›Staat und Revolution‹ in die Hand. Unklar blieb noch vieles, selbst als ich zur Uni ging und zu den Roten Studenten. Das gab sich dann sozusagen mit einem Schlag.«

»Umschlag von Quantität in Qualität?«

»Die Quantität bestand aus Hartgummi. Bei einer Demonstration fiel die Polizei hinterrücks mit Gummiknüppeln über uns her. Ehe ich begriff, was los war, bekam ich eins über den Hinterkopf, daß ich umfiel und aufs Pflaster stürzte. Die leisen Illusionen vom ›friedlichen Fortschritt‹ und so waren weg. Mit einem Schlag. Die Klarheit kam mit der Zeit, durch die Arbeit in der Hochschulgruppe und in der Straßenzelle, durch Diskussionen mit Sozialdemokraten und Auseinandersetzungen mit den Nazis.

Und dann die illegale Arbeit in Litauen. Da herrscht schon seit Jahren Militärdiktatur. Nicht ganz so wie der deutsche Faschismus, aber schlimm genug, mit permanentem Kriegszustand, Konzentrationslagern und Militärgerichten. Die Partei ist in der Illegalität, eine Reihe von führenden Genossen wurde ermordet. Für die bloße Zugehörigkeit zur litauischen KP gibt es mindestens acht Jahre Zuchthaus.

Dort bekam ich 1931 meine erste Lektion in illegaler Arbeit, als es hier in Deutschland noch relativ friedlich zuging. In den Ferien war ich immer drüben in Klaipeda, wo meine Eltern wohnten. Konspiration brachte mir Genosse Goldberg bei, Instrukteur des Zentralkomitees in der Hafenstadt. Ein großartiger Genosse! Riesige Erfahrung, unerschöpfliche Geduld, vor allem aber die mächtige Kraft der Überzeugung, die man ihm schon an den Augen ansah.

Einmal sagte er so nebenbei: ›Du mußt dir alles schön aneignen, wie man eine Zeitung herausgibt, wie man ein illegales Parteikomitee aufbaut. Du wirst es brauchen. Ich mache hier sowieso nicht mehr lange. Erfahrungsgemäß geht illegale Arbeit niemals lange gut. Ein Jahr vielleicht, im besten Falle anderthalb, dann fliegt man auf.‹ Ich war sprachlos, wie er das so ruhig sagte. Und es dauerte tatsächlich kaum ein Jahr, da wurde er verhaftet, fürchterlich mißhandelt und zu neun Jahren Zuchthaus verurteilt.«

Kuddel hörte aufmerksam zu, für ihn war das alles ein Stück Internationalismus.

»Mein zweiter unvergeßlicher Lehrer, das war Walter Schütz.«

»Der Königsberger Reichstagsabgeordnete, den sie vergangenes Frühjahr umgebracht haben?«

»Ja, das war auch ein wunderbarer Genosse. Klein und dünn, aber drahtig, eine hohe, heisere Stimme, doch was er sagte, das saß. Später kam Genosse Schütz als Sekretär in die Bezirksleitung Ostpreußen und wurde sogar in den Reichstag gewählt – keine Kleinigkeit für einen Elektromonteur. Aber dem Walter stieg das nicht zu Kopf. Tag für Tag diskutierte er mit den Arbeitern auf der Stempelstelle, wo sie als Arbeitslose zu Tausenden Schlange standen, immer dichte Gruppen um sich herum. Keiner hätte in dem kleinen handfesten Kerl mit Joppe und Schirmmütze den bekannten Reichstagsabgeordneten vermutet. Das war ein echter Volkstribun, ein Arbeiterführer nach Thälmanns Art.

Die Naziführer haßten ihn besonders. Im August

1932 hat ihn die Geistesgegenwart seiner Frau gerettet, die den Mördern den Zugang zur Wohnung versperrte. Die Kugeln verfehlten ihr Ziel. Ermordet wurde ein kommunistischer Stadtverordneter, verletzt zwei sozialdemokratische Genossen. Daraufhin bildeten sich bewaffnete Schutzgruppen von SPD und KPD, es kam zu gemeinsamen Kundgebungen in allen Städten Ostpreußens. Auf dem Messegelände in Königsberg sprachen die beiden Vorsitzenden Matern und Larsen.«

»Und Walter Schütz?«

»Nach der ›Machtübernahme‹ haben sich die Nazis an ihm gerächt. Halbtot, blutüberströmt führten sie ihn höhnisch seiner Frau und seinem Sohn vor.«

»Banditen!«

»Denen man die Maske vom Gesicht reißen muß.«

»Du scheinst einiges beim Genossen Schütz gelernt zu haben.«

»Ich war ein Jahr lang bei ihm in der Agitpropabteilung.«

Wir konnten die Seidenpapierblätter jetzt zusammenlegen. Endlich war alles fertig, eingepackt und in den Verstecken verstaut. Als die Spuren sorgfältig getilgt waren, strahlte die Sonne ins Atelier. Kuddel verabschiedete sich, nahm seine Jacke unter den Arm und ging.

Ich wollte schon die Wohnungstür hinter ihm zumachen, da fiel mein Blick auf seinen Rücken. »Mensch, Kurt!« rief ich ihm entsetzt nach. »Komm gleich wieder rauf!« Auf seiner rechten Schulter leuchtete feuerrot ein Stern mit Hammer und Sichel.

*

Am Vormittag des 26. August, des Tages, an dem wir unsere Flugzettelaktion auf der Internationalen Funkausstellung starten wollten, sondierten Emil und ich die Ausstellungsräume.

In den glasüberdachten Hallen am Funkturm in Witzleben gab es allerhand zu sehen. Nicht nur die neuesten Modelle von Radioapparaten aus aller Welt, auch alle möglichen Maschinen und anderen Exponate waren aufgebaut.

Zum Beispiel stand da eine mächtige Presse. Oben schüttete ein Arbeiter eine Tüte Pulver hinein. Dann fauchte das riesige Ding, senkte langsam den massigen Kopf, hob ihn wieder und spuckte einen dunkelbraunen Kasten aus: ein spiegelglattes Radiogehäuse. Der Meister klopfte mit dem Zeigefinger dagegen, es klang hohl. Dann schlug er mit dem Hammer die runde Öffnung heraus, hinter der der Lautsprecher installiert werden sollte. »Goebbelsschnauze« hießen die sogenannten Volksempfänger später im geheimen Sprachgebrauch. Wohlweislich war dafür gesorgt, daß man mit ihnen kaum ausländische Sender empfangen konnte. Um so aktueller war unsere Losung, mit anderen Geräten auf Radio Moskau umzuschalten: »Achtung! Rot-Funk u. Rote Studenten schalten um auf Moskau.«

Höhepunkt und Glanzstück der Ausstellung war ein elektronischer Fernsehapparat. Wir hatten damals keine Ahnung, daß sein Erfinder Manfred von Ardenne hieß. So sehr fern sah man 1934 zwar noch nicht, dennoch war das etwas Sensationelles, eine große technische Leistung: Man konnte in einem Saal bewegliche Bilder betrachten, die aus einem ganz anderen Raum gesendet wurden!

Emil gefiel das ausnehmend. »Das Ding hat eine große Zukunft«, meinte er beim Weitergehen. »Du wirst sehen, eines Tages wird man der Welt im Fernsehen die Nazihäuptlinge vor Gericht zeigen.« Als ich nach dem Krieg im Fernsehen einen Filmbericht vom Prozeß in Nürnberg sah, mußte ich an Emils Worte denken.

Wir kamen zu unserem eigentlichen Ziel, der Halle VI. Der starke Besucherstrom zwischen den beiden Reihen von Ausstellungsständen bot günstige Bedingungen für unseren »Sternenregen«. Wo konnten wir unser brisantes »Osterei« am besten verstecken, wie vorzeitige Entdeckung vermeiden? Wir suchten die Halle kreuz

Halle VI der Funkausstellung, in der die Aktion erfolgte

und quer ab, blieben hier und da stehen, verständigten uns mit Blicken und Zeichen. Ich warf einen Blick nach links oben und wies auf die Galerie.

Die Halle hatte an der Schmalseite einen halbrunden Balkon mit blumengeschmückter Rampe. In großen Holzbuchstaben stand da zu lesen: »Zur Blumenschau.« An der einen Seite führte eine Treppe hinauf. Im Nu waren wir oben. Hier konnte man, ohne Aufsehen zu erregen, an der Brüstung stehenbleiben, auf das Gewühl hinuntersehen und etwas in den Blumenkästen unterbringen.

»Kannst du es so einrichten, daß die Blätter bis mitten in die Halle fliegen?«

»Wenn man den Behälter schräg nach vorn neigt, müßte er sie ziemlich weit streuen. Bloß, wie baue ich ihn in Ruhe ein, ohne daß es jemand merkt? Er muß richtig stehen und gut getarnt sein.«

```
Kriminalgruppe E
Sonderuntersuchungskommission


                    I n h a l t :

            Von der Leitung der Funkausstellung abge-
            langtes Foto, das ein anschauliches Bild
            über die Einrichtung der Funkhalle VI an-
            lässlich der Funkausstellung 1934 gibt.
            Das Lichtbild ist von der Balustrade, auf
            der die Demonstration am 26.8.34 stattge-
            funden hat, aufgenommen.

         Berlin, den 1.11.1934

                                    [Unterschrift],
                                    Kriminal-Kommissar.
```

Text der Sonderuntersuchungskommission
zum Foto von der Halle VI

»Da mach dir man keine Kopfschmerzen. Du sollst das Ding in Ruhe einbuddeln.«

Emil sah auf das Gewimmel unten in der Halle. »Was meinst du, wie viele Leute heute kommen werden? Es ist schon jetzt voll ...«

Nachmittags war ich mit Emil vor einem Zeitungskiosk am Fuße des Funkturms verabredet. Mein »Osterei« steckte gut verpackt in der Manteltasche. Ich kaufte mir eine Sondernummer zur Internationalen Funkausstellung und las scheinbar interessiert. Unauffällig schaute ich nach Emil aus.

Da kamen sie auch schon, Arm in Arm wie fröhlich angeregte Provinzbesucher: Emil, der Student, und Alfred, ein Mechaniker und ehemaliges Mitglied des RFB, wie ich später erfuhr.

Emil stellte vor: »Das ist Alfred, und das ist Kürbis.«

»Kürbis ist gut.« Der breitschultrige Alfred lachte, während er mir kräftig die Hand drückte. »Naja, muß ja auch Zierkürbisse geben.«

»Klein, aber oho!« meinte Emil.

Wir gingen zur Halle VI, dann Alfred und ich langsam die Treppe hinauf zur Galerie. Alfred blieb unauffällig zurück, behielt mich im Auge, sicherte nach allen Seiten, notfalls bereit, mir den Fluchtweg frei zu machen.

Schon war ich an der Stelle der Balustrade, die Emil ausgesucht hatte. Alfred schirmte mich dabei mit seinem breiten Rücken ab. Schnell und unauffällig konnte ich meine grün verkleidete Büchse im Grün der Blumenkästen unterbringen.

Nach einem Rundblick setzte ich den Weg zur nächsten Halle fort, ohne einen Blick auf Alfred zu werfen. Ich wußte, unten zwischen den Besuchern verfolgten Emil und einige andere Genossen unsere Aktion, bereit, einzugreifen, Verwirrung zu stiften, unser Entkommen zu ermöglichen.

Nach dem Krieg habe ich Alfred in Berlin wiedergetroffen, bei einer Gedenkveranstaltung in der nach Emil benannten Erich-Lodemann-Schule in Treptow. Alfred heißt mit seinem richtigen Namen Adolf Knorr und wohnt in Adlershof.

Gern wäre ich selbst dabeigewesen, wenn mein Flugzettelböller losging. Statt dessen mußte ich richtig drängeln, um gegen den Besucherstrom hinauszukommen.

Erst fühlte ich mich erleichtert, dann kamen mir Bedenken: Ob alles richtig funktioniert hatte? Vielleicht war die Uhr stehengeblieben? Vielleicht hatte sich ein Kontakt gelöst? Dann wären Arbeit und Mühe vergeblich gewesen ...

Endlos dauerte es bis zum Treff mit Emil. Dann tauchte er an der verabredeten Straßenecke auf und lächelte nicht einmal zur Begrüßung.

»Also war nichts?«

»Keine Ahnung«, knurrte Emil, »wir werden es aber bald erfahren.«

Der Bahnsteig war fast leer, als der Zug von Westend einfuhr. Am Bahnhof Bellevue riß Emil die Wagentür auf und sah aufmerksam hinaus. Auf einmal war er bester Laune.

»Es hat geklappt!«

»Woher weißt du das so plötzlich?«

»Otto war dageblieben. Wir hatten vereinbart, daß er hier auf ein Theaterplakat einen roten Kreidestrich macht.«

»Und? War einer drauf?«

»Gleich vier oder fünf. Es muß ganz schön hingehauen haben!«

In einem kleinen Charlottenburger Lokal erwartete uns Otto.

»Mensch!« Er rückte näher zu uns heran: »Das war ein Ding! Wir hatten doch keine Ahnung, was ihr da vorhabt. Ich sollte noch zehn Minuten in der Halle bleiben und dachte mir: Was soll schon passieren? Auf einmal gab es auf der Galerie einen Knall und einen Lichtschein wie bei einer Blitzlichtaufnahme. Dann kamen lauter kleine rote Sterne herunter. Richtige *Flug*blätter waren das – und wie die flogen! Wie viele waren es eigentlich?«

»Fünfhundert Stück. Wie reagierten die Besucher?«

»Die streckten die Hände nach den Blättchen aus und fingen sie auf. Ich wollte mir auch eines greifen, aber da hatte es schon jemand anders geschnappt. Ich hörte aufgeregte Stimmen: Das ist von den Roten Studenten, und wer die Wahrheit hören will, der soll auf Radio Moskau umschalten.«

»Und was machten die Nazis?«

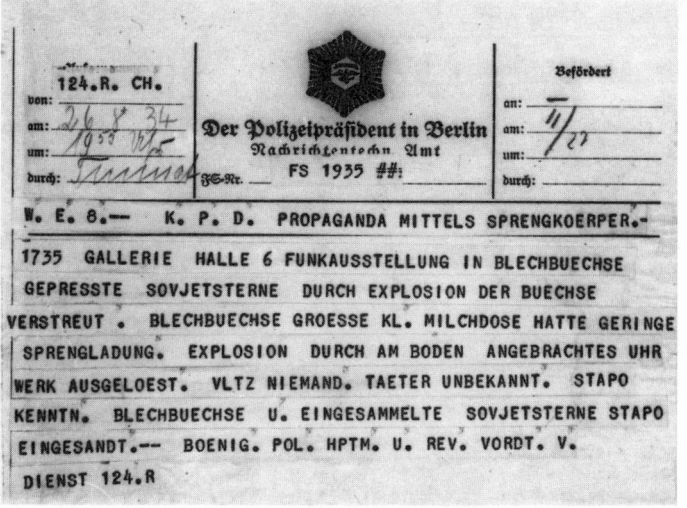

Telegramm an den Polizeipräsidenten über die Aktion auf der Funkausstellung

»Sie versuchten, den Leuten die Flugzettel abzunehmen. Sogar die Feuerwehrleute wurden dazu abkommandiert. Aber bei so vielen Menschen konnten sie keine Leibesvisitationen vornehmen. Sie drängten die Leute aus der Halle hinaus. An den Ausgängen standen Uniformierte und brüllten: ›Her mit den Zetteln!‹ Das schönste war, wie alle die Hände ausgestreckt hatten, nicht zum Nazigruß, sondern nach den Flugzetteln – wie bei einer Abstimmung.«

Bereits nach der Flugblattaktion am 1. August 1934 hatte die Gestapo die Bearbeitung des »Falles« übernommen. Die Verhöre bekannter Roter Studenten führten jedoch zu keinem positiven Ergebnis für die Gestapo. Von unserer Gruppe wurde übrigens niemand verhört. Als nach unserer Aktion am 26. August 1934 Polizeihauptmeister Boenig an den Polizeipräsidenten von Berlin telegrafierte: »17.35 Galerie Halle 6 Funkausstellung in Blechbüchse gepreßte Sowjetsterne durch Explosion der Büchse verstreut. Blechbüchse Größe kleine Milch-

> Kriminal-Gruppe E
> derkommission Funkhalle VI
>
> **Hauptakten**
>
> **Band II**
>
> **Betrifft: Versuchte kommunistische Demonstration in der Funkausstellung – Halle VI – am 26. 8. 34.**
>
> Index-Nr.: Po. 6989 K. 11. 34.

Akten über die Untersuchung
der Aktion auf der Funkausstellung

dose hatte geringe Sprengladung. Explosion durch am Boden angebrachtes Uhrwerk ausgelöst ... Täter unbekannt ... Blechbüchse + eingesammelte Sowjetsterne Stapo eingesandt«, reagierte der faschistische Machtapparat dementsprechend. Bei der Kriminalgruppe des

Polizeipräsidiums wurde eine Sonderkommission zusammengestellt, die in engem Einvernehmen mit der Gestapo mit der Aufklärung der Bölleraktion beauftragt wurde. Kriminaltechnische Untersuchungen großen Ausmaßes setzten ein.

Die mögliche Herkunft der einzelnen Bestandteile wurde von der Schweiz bis Hamburg, vom Rheinland bis nach Schlesien ausgeforscht. Wohl Hunderte von Firmen befragte man mündlich oder schriftlich. Batteriefabriken und Geschäfte, die Feuerwerkskörper vertrieben, Buntpapierfabriken, Uhrengeschäfte überall im Reich, Pappenindustrie, Handelszentralen und Warenhäuser wurden untersucht, ebenso Firmen in Baden, Frankfurt am Main, Hannover, Rheinfeld, Hamburg, Schwennigen, Säckingen und anderswo. Die arglosen Benutzer der Sonderzüge aus Bayern, dem Schwarzwald und aus Hessen-Nassau überprüfte man nachträglich aufgrund der beim »Gaufunkwart« vorhandenen Namenslisten.

Trotz intensivster Bemühungen der Sonderkommission führten die Untersuchungen zu keinem greifbaren Ergebnis, kam sie uns, den Urhebern, nicht auf die Spur.

*

Es war kaum sieben Uhr abends, und schon dämmerte es im Park. Beim Herumschlendern wurde mir trübselig zumute: Hier hatte ich mich so oft mit Ruth getroffen und war Arm in Arm mit ihr zur Bahn gegangen. Endlich tauchte Willi auf, begleitet von einem kleinen jungen Mann mit mandelförmigen Augen.

»Du hast mich diesmal aber warten lassen«, machte ich meiner Erregung bei der Begrüßung Luft, »ich dachte schon, dir wäre wer weiß was passiert.«

»Ruhig Blut, Kürbis, es ging nicht eher. Dafür habe ich dir einen neuen Mitarbeiter mitgebracht. Das ist Genosse Te Tschau An. Er ist Chemiker und wird dir bestimmt eine Menge helfen können, er hat uns schon geholfen.«

Te Tschaus ruhige Art gefiel mir. Es stellte sich heraus, daß er informiert war, ja, daß er es gewesen war, der die Imprägnierung der Flugblätter erfunden hatte. Er sprach nur gebrochen deutsch, aber wir verstanden uns sofort ausgezeichnet. Te Tschau stammte aus Korea, das seit vielen Jahren von den Japanern okkupiert war.

Als ich ihn vorsorglich warnte: »Unsere Gruppe macht riskante Sachen. Ist dir klar, was dir passiert, wenn wir hochgehen?«, lächelte der Koreaner bloß und meinte: »Ihr in Deutschland habt Faschismus ein Jahr lang. Bei uns in Korea schon lange, lange dasselbe. Viele meiner Freunde, gute Genossen, im Gefängnis, viele tot. Wir kämpfen überall in der Welt gegen den gleichen Feind.«

»Ein guter Genosse!« konstatierte Willi, als Te Tschau sich verabschiedet hatte. »Auf den kannst du dich verlassen!«

Ein Fachmann, dem man vertrauen konnte – wie wichtig für uns!

»Weißt du schon das Neuste?« fuhr Willi unvermittelt fort! »Von Hermann Matern?«

»Was denn? Er sitzt doch im Gefängnis!« Ich hatte früher unter seiner Leitung gearbeitet, ihn als unbeugsamen Revolutionär schätzengelernt.

»Am 18. September ist er mit drei Genossen aus dem Gefängnis Altdamm ausgebrochen!«

Soviel Schweres und Bitteres geschah in dieser Zeit, so viele der Besten fielen dem Naziterror zum Opfer. Um so größer war die Freude darüber, daß es einem unserer führenden Genossen gelungen war, dem übermächtigen Gegner zu entkommen. Viele illegale Kommunisten würden triumphieren, wie wir hier im dunklen Park, wenn sich die Nachricht verbreitete.

»Übrigens«, sagte Willi und blieb stehen. Ich wurde aufmerksam. Willi sagte wie Herbert die wichtigsten Dinge oft erst am Schluß, mit der Einleitung »Übrigens ...«

»Übrigens habe ich den Auftrag, dir und den anderen Genossen die Anerkennung der Partei auszusprechen.«

Er drückte mir fest die Hand. »Die Partei schätzt eure Tätigkeit positiv ein und wünscht für die weitere Arbeit guten Erfolg.«

Mir war, als reichte mir durch Kerkerwände Ernst Thälmann selbst die Hand.

7
Illegal in Berlin

Es war bereits Oktober. Als ich nach Hause kam, empfing mich schon auf dem Flur ein ungewöhnlicher Geruch, ein exotischer, unbekannter Duft: Einer von meinen Kakteen fing an zu blühen.

Es läutete, eher zaghaft, so daß ich erstaunt war, Beate draußen zu sehen, die einen hastigen Blick hinter sich warf, ehe sie eintrat. Vor der Ateliertür prallte sie zurück.

»Ist eine Frau bei dir zu Besuch?«

»Ach so, du meinst den tollen Geruch? Komm rein und sieh dir die ›Dame‹ selbst an. Darf ich vorstellen: die ›Königin der Nacht‹!«

»Was für eine Pracht!« sagte Beate bewundernd und sah sich dann bedauernd um. »Schade!«

»Was?«

»Du mußt nämlich hier raus!«

»Wieso?«

»Sie sind hinter dir her. Ich habe dir die Anweisung zu überbringen: Raus, ohne eine Minute zu verlieren. Das Allernötigste zusammenpacken und weg.«

Erst einmal setzte ich mich verblüfft hin, schaute dabei unwillkürlich nach dem möglichen Fluchtweg über die Feuerleiter. Dann raffte ich mich auf, suchte die notwendigsten Sachen zusammen, antwortete beruhigend und zerstreut auf Beates besorgte Frage, ob ich ein Nachtquartier hätte, räumte Verstecke aus, verbrannte dies und das im Öfchen, gab Beate einiges mit und verabschiedete sie.

Zu Friedrich Gäbel sagte ich: »Ich fahre weg. Koffer sind gepackt.«

Der Zeichner fragte nicht viel. »Na, dann viel Glück!« meinte er vieldeutig.

Ein letzter Blick in meine Atelierwohnung. Dann stieg ich mit dem Gepäck die steile Wendeltreppe hinunter.

»Hals- und Beinbruch!« rief mir Gäbel nach.

Ein Mann mit zwei Koffern kann Aufmerksamkeit erregen. Den größeren gab ich am nächsten Bahnhof zur Aufbewahrung. In dem kleineren waren die Bastelutensilien. Den konnte ich nicht aufgeben.

Ich vergewisserte mich immer wieder, ob mir jemand folgte. Am Bahnhof Friedrichstraße ging ich über die Brücke zur Marienstraße, wo Frau Wilke wohnte, die ich von früher kannte.

Die weißhaarige alte Dame – sie war an die Achtzig – begrüßte mich fast wie einen Enkel. »Kann ich heute abend auf Ihrem Sofa übernachten?«

Die alte Dame stutzte einen Augenblick.

»Natürlich!« sagte sie dann mit Betonung. »Ist doch selbstverständlich.«

Sie holte Wäsche aus dem Schrank.

»Ruhen Sie sich aus, Sie werden sicher müde sein.« In ihren Augen war zu lesen, daß sie wußte, was sie riskierte ...

»Ich muß Ihnen etwas zeigen«, sagte Frau Wilke am anderen Morgen und stellte die Kaffeekanne beiseite. Aus einem Schrank holte sie eine zerknitterte Zeitung hervor, eine »Rote Fahne« von 1919 mit der fettgedruckten Überschrift »Karl Liebknecht und Rosa Luxemburg ermordet«. Mit zitternden Händen strich sie über das vergilbte Blatt.

»Ich kannte die beiden gut. Mein Mann und ich – wir waren doch beide beim Spartakus.«

»Und heute sind ihre Mörder an der Macht. Wäre es nicht besser, das Blatt zu verbrennen?«

»Nein!« sagte die alte Frau entschieden. »Ich verstecke es gut, aber das verbrenn' ich nicht!«

Ich drückte ihr die Hand. »Darf ich Sie um einen Gefallen bitten? In dem kleinen Koffer hier ist einiges, was nicht in falsche Hände kommen darf. Kann ich ihn bis morgen hierlassen?«

»Aber sicher. Stellen Sie ihn hinter den Küchenschrank. Eine Bombe wird's doch wohl nicht sein.«

Ich lachte. Dennoch gaben mir ihre Worte einen Stich: Gut verstaut und gesichert, lag unter dem Werkzeugkram mein neuestes Modell. Gleich am nächsten Tag mußte ich den Koffer abholen.

*

Paradoxerweise fährt man als Illegaler nicht gern mit der Untergrundbahn. Zu unübersichtlich ist es unter Tage. Während der Fahrt sieht man bloß Tunnelwände und fühlt sich sehr beengt in dem schmalen Wagen: wenig Spielraum für den Fall, daß Unannehmlichkeiten auftreten. Ich erfuhr es an diesem Abend.

Der Zug näherte sich der Endstation Vinetastraße. Ich lehnte in der Wagenecke und spürte plötzlich einen Blick von schräg gegenüber, sah hoch und erkannte Luchs, genannt »Luchs der Greifer«. Der junge Mann, elegant, aber schmuddlig gekleidet, schien mich erkannt zu haben.

Wir kannten einander nur oberflächlich. Luchs war bei den Roten Studenten, unter denen er vor 1933 verkehrt hatte, nie recht beliebt gewesen. Mit seiner blasierten Art, hämische Bemerkungen zu machen, stach er von den anderen ab. Deshalb wunderte sich auch niemand, als es im vergangenen Sommer hieß: »Achtung! Der Luchs ist ein Spitzel! Er hat im Suff damit geprahlt, schon seit Jahren für die Polizei zu ›arbeiten‹. Jetzt sucht er nach alten Bekannten und liefert sie der Gestapo ans Messer.«

Nun saß er mir in der U-Bahn gegenüber und starrte mich an. Ich sah wie gleichgültig weg, aber mein Herz fing an, unvernünftig zu schlagen. Möglichst ruhig stand ich auf und ging langsam zum hinteren Ausgang. Noch fuhr der Zug mit unverminderter Geschwindigkeit, da sah ich ein Gesicht in der Türscheibe: Luchs stand neben mir.

»Tag, alter Knabe, wie geht's dir denn?« fragte er.

Ich zog die Augenbrauen hoch und verließ mich auf mein gutbürgerliches Aussehen. »Wie bitte?« fragte ich befremdet. »Sie müssen mich verwechseln!«

Ganz sicher schien sich »der Greifer« nicht zu sein. »Aber ich kenne Sie doch? Sie waren doch immer mit dem Heino von der TH zusammen.«

»Heino? Da irren Sie sich, kenn' ich nicht. Von der Technischen Hochschule? Nie gehört.«

»Aber Sie waren doch bei – äh – unseren Veranstaltungen. Erinnere mich ganz deutlich an Sie – Kürbis!«

Wie immer in ernsthaft kritischen Momenten wurde ich ganz ruhig.

»Kürbis? Wollen Sie mich verkohlen? Wohl einen zuviel getrunken, wie?«

Ich wandte mich brüsk ab, und als der Zug endlich hielt, sprang ich ab.

Luchs kam mir nach. Oben vor dem Ausgang angekommen, hielt er Umschau nach allen Seiten, glücklicherweise war kein Uniformierter in Sicht.

Rasch zur Straßenbahn, im letzten Augenblick aufgesprungen, nach ein paar Haltestellen umgestiegen in einen Bus, wieder raus, weiter mit einem anderen. Nach einer halben Stunde war ich sicher, daß mich niemand verfolgte. Todmüde fuhr ich schließlich zurück. Mein Quartiergeber, der mich seit neun Uhr erwartet hatte, war schon ernstlich besorgt.

Den folgenden Tag war ich von früh auf den Beinen gewesen, höchste Zeit, an einen Unterschlupf für die Nacht zu denken. Von der nächsten Telefonzelle rief ich Rudi an. Keine Antwort. Auch ein Versuch bei einer anderen Adresse war erfolglos. »Nein, leider«, hieß es, »heute läßt es sich nicht einrichten. Morgen vielleicht.«

Jetzt wurde es kompliziert: Immer zu denselben Leuten zu gehen, das fiel auf. Ich überlegte. Schließlich fiel mir Hilde ein, die in einer Apotheke arbeitete. Vielleicht hatte sie Nachtschicht, anderes Personal war dann nicht da. Welche Erleichterung, Hilde meldete sich.

»Guten Abend, Hilde. Wie geht's? Lange nicht gesehen. Wieder mal Nachtdienst? Kann ich dich eben mal besuchen kommen?«

Hilde konnte ihre Überraschung nicht verbergen. »So spät noch? Ist was passiert?«

»Nicht das geringste! Also dann, in einer Stunde bin ich da!«

In der Bahn warf mich die Müdigkeit fast um. Unwillkürlich hielt ich Ausschau nach Luchs. Im fast leeren Abteil saß mir ein Mann in abgetragener Jacke gegenüber, der den Kopf schwer auf einen Ellenbogen stützte und mit offenem Mund schlief. Ein Arbeitsloser offenbar.

Jetzt machten es manche so: Sie lösten für zwanzig Pfennig eine S-Bahnkarte, setzten sich in einen Ringbahnzug und fuhren die halbe Nacht rund um das große Berlin. Das war billiger als im Obdachlosenasyl. Viel passieren konnte nicht, schlimmstenfalls rüttelte man ihn wach und setzte ihn grob aus dem Wagen. Dann nahm er eben den nächsten Ringbahnzug ...

Ich dagegen durfte nicht riskieren, einer Streife in die Hände zu fallen. Wie leicht konnte es sein, daß sie ein Fahndungsbuch bei sich hatte, in dem auch mein Name stand.

Bald stand ich vor der Apotheke. Die schweren Rolläden waren heruntergelassen. Ein Druck auf die Nachtglocke. Eine Weile passierte nichts, dann öffnete sich die kleine Klappe in der Tür.

»Ach, du bist's«, sagte eine Stimme, und die Tür ging auf.

»Was ist los?« fragte Hilde ängstlich, als ich drinnen war.

»Was soll schon los sein«, erwiderte ich und trocknete

mir die nasse Stirn mit dem Taschentuch. »Hast du ein Sofa oder sowas Ähnliches, wo man übernachten kann?«

Hilde zögerte und brachte alle möglichen Einwände vor, aber ein todmüder Obdachloser neigt gegen Mitternacht nicht zu besonderer Nachgiebigkeit, und sie ließ sich schließlich überreden.

Zwischen Glasschränken voller Flaschen und Fläschchen stand in einer Kammer hinter dem Labor eine alte Liege. Sie roch nach Jodoform, aber das war ja egal. So murmelte ich verbindlichen Dank, schaltete das Licht aus und legte mich hin.

Plötzlich riß mich jemand aus dem Schlaf. Da stand Hilde, im schwachen Licht noch bleicher als vorhin an der Tür.

»Bitte steh auf und geh!«

»Wie spät haben wir's denn?« Ein Blick auf die Uhr: halb drei. »Was ist denn los, Hilde? Laß mich doch schlafen.«

»Nein. Ich habe so Angst. Du mußt gehn.«

»Jetzt ist doch alles geschlossen. Keine U-Bahn fährt. In zwei Stunden ...«

»Du gehst sofort. Vielleicht sind sie schon hinter dir her. Wenn man dich bei mir sieht, wenn du morgens aus dem Haus kommst ...«

Das Mädchen war völlig außer sich vor Angst, mit ihr war nicht mehr zu reden. Ich zog mich an und machte mich seufzend auf den Weg. Hinter mir wurde sofort zweimal abgeschlossen.

Vor zwei Jahren hatte Hilde die Arbeit in der Studentengruppe noch mitgemacht, auch Aufträge übernommen, wie Flugblätterverteilen unter den bürgerlichen Studenten oder Landagitation. Nach dem Januar 1933 hatte sie sich allerdings kaum mehr bei uns sehen lassen. Was zur Zeit der Weimarer Republik noch als relativ ungefährlich gelten konnte, war ein Kampf auf Leben und Tod geworden. Hatte so ein »Mädchen aus guter Familie« das nötig? Ihr Vater wird ein ernstes Wort mit ihr gesprochen haben. Und dann der Naziterror! Sicher hatte sie auch von Egons Tod erfahren. So hatte sie beschlossen, »sich aus allem rauszuhalten«.

Irgendwo im Gebüsch wartete ich das Einsetzen des Großstadtverkehrs ab.

*

Anderntags war ich wieder in einer Art Apotheke, wenn auch nur in einer scheinbaren: Glasverstöpselte Flaschen, Porzellanwannen, Meßgläser, Thermometer und Trichter standen und lagen auf Stühlen, Tisch und Fußboden im Zimmer unseres koreanischen Genossen. Te Tschau und ich hatten vor, Nitrozellulose herzustellen. Auf die Weise wollten wir uns von den Feuerwerkskörpern unabhängig machen, deren Beschaffung immer schwieriger und riskanter wurde.

Te Tschau sah besorgt in seinen Büchern nach, die auf dem Schreibtisch ausgebreitet lagen. Er war zwar Chemiker, nur leider von einer ganz anderen Fachrichtung. Mit Sprengstoffen kannte er sich nicht aus, und die deutsche Sprache machte ihm auch Schwierigkeiten. Seine Notizen aus der Bibliothek waren für mich lauter Hieroglyphen.

»Hier«, er tippte auf eine Stelle. »Hier steht: ›Gas-abzug un-be-dingt er-for-der-lich.‹ Aber wie können wir machen Gasabzug?«

»Vesuchen wir es eben ohne.«

Auch die Wärmeregulierung hatte einen Haken. In der Vorschrift hieß es: »Nitrierung bei einer Temperatur von fünfzig Grad.«

Wir gingen an die Arbeit. Das Wasserbad wurde vorbereitet, die Temperatur gemessen. In eine Porzellanwanne, die darin stand, gossen wir vorsichtig die Säure und legten das Paket Zellulose hinein. Zu unserem Schrecken löste sich die Watte in der Säure zusehends auf, es entstand eine dunkle Brühe, die sofort aufkochte und braunrotes Gas absonderte. Minuten später füllten die Gasschwaden schon die untere Hälfte des Zimmers aus. Ätzend drang das Gift in die Nase, Husten quälte uns. Wie auf Kommando stürzten wir ans Fenster, rissen es auf und schnappten nach Luft.

Wir preßten die Taschentücher fest vors Gesicht und machten uns daran, das Wasserbad abzukühlen. Die Gasentwicklung nahm langsam ab. Die Köpfe wurden uns schwer, abwechselnd mußten wir zum Fenster flüchten.

Es dauerte noch reichlich lange, bis man riskieren konnte, die Flüssigkeit in Flaschen abzufüllen. Te Tschau machte das mit bewundernswerter Ruhe. Seine schmalen, sehnigen Hände zitterten nicht ein bißchen, als er die Wanne langsam neigte. Ein dünner Strahl ergoß sich in die Flaschen, die ich ihm unter langsamem Drehen hinhielt, damit sie nicht platzten. Nicht ein Tropfen ging daneben, keiner von uns beiden bekam auch nur einen Spritzer ab. Die Flaschen wurden kalt gestellt.

Sobald es dunkel war, stiegen wir vorsichtig, um ja nicht zu stolpern, die Treppen hinunter. Jeder trug eine Mappe unter dem Arm, die er behutsam mit beiden Händen festhielt. Bedächtig gingen wir durch die stillen Straßen zum Kanal und versenkten unsere unheimliche Last.

*

Mein ruhigster Hafen war in Gesundbrunnen, bei Tante Einars. Sie konnte dem Alter nach gut und gern meine Großmutter sein. Was für eine Verwandte sie eigentlich war, habe ich nie so recht begriffen; wahrscheinlich fehlte es auch an gebührender Ehrfurcht vor der Familiengeschichte.

Die Tante wußte um so genauer Bescheid. Sie sammelte Familienpapiere. Ganze Stapel von gebündelten Briefen und Fotografien füllten alle Fächer im verschnörkelten Schreibtisch, in den Schränken und Regalen – ein richtiges Familienarchiv. Sogar aus dem Küchenschrank holte sie mit sicherem Griff alte Fotos hervor.

Erinnerungen und vergilbte Papiere, das war all ihre Habe nach einem langen, arbeitsreichen Leben in der verwohnten Mansarde. Sie hatte niemanden mehr auf der Welt: Ihr »Männe«, seit den neunziger Jahren des vergangenen Jahrhunderts Sozialdemokrat und seit 1919 Kommunist, war im Frühjahr 1933 im Gefängnis umgebracht worden. So blieb sie ganz allein und freute sich riesig, wenn ich mit ein paar Blumen und mit Neuigkeiten zu ihr kam.

Eine Unterhaltung mit ihr war allerdings nicht einfach: Die treue Seele war taub. So laut man ihr in die Ohren schrie, sie schüttelte nur den Kopf. Auch ein Hörgerät half nicht mehr, man mußte ihr alles aufschreiben.

Wie hörte sie eigentlich die Flurglocke läuten? Sie hörte sie gar nicht, bemerkte aber unweigerlich, wenn der Klöppel in Bewegung geriet: Sie *sah* es klingeln.

Scharfe Augen hatte sie und wußte sofort, wieso der Junge so spätabends zu ihr kam. Sie erwartete auch keineswegs, daß er ihr mit Geschrei etwas erklärte oder – Gott behüte! – schwarz auf weiß aufschrieb. »Zeiten sind das! Zeiten ...«, murmelte sie nur, mit dem harten Tonfall eines Menschen, der seit dreißig Jahren seine eigene Stimme nicht mehr hört.

Nach dem Abendbrot – »Iß mein Junge, iß doch!« – nahm sie mich in der winzigen Küche beiseite. »Hier«, flüsterte sie bedeutungsvoll, »durch dieses Fenster kann man auf das Dach des Hauses nebenan springen. Es ist nicht tief. Mein ›Männe‹ hat es ein paarmal gemacht, wenn Polizei kam, seine Genossen auch. Sie haben ihn nie gekriegt – bis zum letztenmal, als sie ihn aus dem Bett holten. Er konnte ja gar nicht mehr gehen ...«

Sie stockte und räusperte sich. Dann fuhr sie eifrig fort: »Ich meine man bloß: Du könntest hier auch zum Fenster raus, wenn – na ja, wenn was los ist. Gleich links auf dem Dach findest du eine Luke, die ist niemals zu, man braucht bloß den Deckel hochzuheben. Ich laß das Fenster hier einen Spalt offen. Aber jetzt geh schlafen, mein Junge.«

Nach Mitternacht erwachte ich von lautem Gepolter im Treppenhaus. Blitzschnell dachte ich: Küchenfenster, Nachbardach, Luke links, Treppe runter! Aber das Poltern verstummte. Es war nichts.

Da sah ich im Schein der Straßenlaterne die gute Alte. Sie saß mir gegenüber zusammengesunken im Lehnstuhl und blinzelte müde. Ihr weißhaariger Kopf sank vornüber, sie nickte ein, fuhr aber gleich erschrocken hoch und warf einen besorgten Blick zur Tür. Sie sah nach der Glocke, ob es nicht etwa klingelte. Der junge Genosse ihres toten »Männe« war in Gefahr, sie mußte seinen Schlaf bewachen.

*

An einem winzigen Caféhaustisch saß Beate mir gegenüber und betrachtete mich mit kritischen Blicken. Wie üblich stellte sie gleich vier, fünf Fragen auf einmal.

»Warum siehst du so verschwiemelt aus? Hast du überhaupt schon was gegessen? An deiner Jacke ist ein Knopf ab. Sicher brauchst du Geld? Hier sind vorläufig ein paar Mark. Montag kriegst du noch was. Hast du das Bild mitgebracht?«

»Langsam, Beate! Zunächst einmal danke schön. Mit den Finanzen sah es wirklich böse aus. Hier ist das Paßbild. Wozu übrigens?«

»Emil verlangt es, also wird es auch gebraucht. Aber woher kommen die dunklen Ränder unter deinen Augen? Hast dir wohl die Nacht um die Ohren geschlagen? Sag die Wahrheit!«

»Na ja, gestern abend war nichts zu finden, da bin ich schließlich im Bahnhof Friedrichstraße gelandet.«

»Was denn, du hast im Wartesaal übernachtet?«

»Was sollte ich machen? Besser als bei unsicheren Leuten!«

»Warum hast du mir das nicht früher gesagt? Meinst du, wir hätten keine Bleibe für dich aufgetrieben?«

Mir tat es schon leid, Beate überhaupt etwas gesagt zu haben. Gefaßt ließ ich die Gardinenpredigt über mich ergehen. Endlich ging ihr der Atem aus, und sie sah mich bedrückt an.

»Hör bloß auf, Beate, sieht ja aus, als ob du mich bemitleidest.«

»Na, Horst, bei deiner Arbeit, der Nervenanspannung – und dann kein Dach überm Kopf. Ruth im Gefängnis, Studium flöten ...«

»Mit Ruth ist es natürlich schlimm, andererseits werde ich immer munter, wenn ich an sie denke. Ich stehe doch nicht allein daß: Ich habe das beste Mädel, die besten Genossen, Ruth, dich, Willi, Emil und Herbert zum Beispiel. Wir haben die Partei, und wir haben die Unterstützung von vielen Menschen, die buchstäblich alles riskieren, um uns zu helfen ...«

»... und die vielen ausländischen Genossen, wie Te Tschau und die Oxforder.«

»Ruhe haben wir nicht, aber dafür ein ruhiges Gewissen. Wir leisten Widerstand an den Hochschulen, streuen der Nazirüstungsmaschine hier und da Sand ins Getriebe, rufen die Öffentlichkeit zum Widerstand auf ...«

»Übrigens: Die Basler Nachrichten haben von unserem ›Beitrag‹ zur Funkausstellung berichtet!«

»Wenn wieder normale Zeiten sind, wie wir sie uns vorstellen, mit geregelter Arbeit, gemütlicher Wohnung, Reisen, Theater und alledem – meinst du nicht, Beate, daß wir dann an die illegale Arbeit zurückdenken werden – als an eine besonders wichtige Zeit unseres Lebens?«

*

Mit Emil waren sogenannte Sekundentreffs ausgemacht. Das heißt, man mußte möglichst auf die Sekunde genau zur vereinbarten Zeit in eine bestimmte Straße einbiegen, wo der betreffende Genosse im gleichen Moment von der anderen Seite erschien. Ohne auch nur ein einziges Mal auf und ab zu gehen, ohne auch nur eine Weile stehenzubleiben und möglicherweise aufzufallen, mußten sich beide wie rein zufällig begegnen.

Emil war peinlich akkurat. Wenn man genau elf Uhr fünfzehn in die Heilbronner Straße einbog, konnte man sicher sein, ihn drüben auf der anderen Seite auftauchen zu sehen. Man gewöhnte sich so sehr daran, daß es zur Ehrensache wurde, ebenso pünktlich zu kommen.

Diesmal hatte es bei mir aber beim besten Willen nicht geklappt. Die taube Tante hatte mich so lange aufgehalten, daß ich die Bahn verpaßte. Trotz größter Eile kam ich erst elf Uhr achtzehn um die Ecke. Die Straße war übersichtlich und meistens menschenleer, deswegen hatten wir sie für unseren Treff ausgesucht. Es war kein Mensch zu sehen, auch Emil nicht. Ein paar Minuten Verspätung, und schon war der Treff verpaßt.

»Heil Hitler!« tönte es plötzlich vor mir aus einem Torweg. Emil! Jemand, der vorbeikam, konnte keinen Verdacht schöpfen.

»Entschuldige schon, Emil, daß ich so spät komme. Ich weiß wirklich nicht ...«

»Nichts weißt du!«

»Du wirst mir Vorwürfe machen, und das mit Recht.«

»Keine Spur. Wo gehn wir hin? Weißt du auch nicht. Drüben auf die Bank, schnappen wir ein bißchen frische Luft.«

Die Bank war gut ausgesucht. »Strategisch einwandfrei«, wie Emil zu sagen pflegte: ohne gegenüberliegende Fenster und durch Gesträuch vor Sicht geschützt. Wenn wir uns einander gegenüber setzten, konnten wir genau beobachten, ob jemand näher kam.

»Du hast von gar nichts eine Ahnung«, sagte Emil mit seinem üblichen leisen Schmunzeln, als er sich setzte. »Zum Beispiel, wozu wir uns hier getroffen haben. Tja, mein Lieber, du weißt nicht mal, wie du heißt.«

»Nun erlaube mal ...«

»Preuß heißt du.«

»Was soll das?« fragte ich verblüfft.

»Glaubst du's nicht? Bitte schön, da hast du's amtlich!«

Er streckte mir ein Papier hin. Es war ein Studentenausweis von der Berliner Universität, genau so einer, wie ich ihn in der Tasche trug. Sogar mein Foto prangte drauf, mit Klammern befestigt und mit Stempel versehen. Der Ausweis war auf den Kandidaten der Rechte Friedrich Wilhelm Preuß ausgestellt.

»Mensch, Emil, das habt ihr fein gemacht! Also dafür wollte Beate mein Foto haben.«

»Also, Friedrich Wilhelm Preuß, du gehörst jetzt zur Armee der Untergetauchten. Vergiß, daß du einen anderen Namen gehabt hast. Deine alten Papiere, wo dein Name draufsteht, mußt du sofort vernichten oder an einer absolut sicheren Stelle verstecken.«

»Wie habt ihr das gemacht? Selber gedruckt?«

»Der ist echt, von einem Sympathisierenden, der ins Ausland gegangen ist. Den Nazis ist er niemals aufgefallen. Den Stempel haben allerdings unsere Spezialisten draufgezaubert, aber das ist gut gemacht. Du kannst irgendwo ein Zimmer nehmen, natürlich nicht in deiner alten Charlottenburger Gegend, auch nicht in Tegel, wo Preuß gewohnt hat.«

»Wunderbar! Da kann ich wieder im eigenen Zimmer hausen.«

Emil warf mir einen kurzen Blick zu, wie ein älterer Bruder einen jüngeren betrachtet.

»Na klar!« sagte er trocken. »Das gehört sich auch so, Doktorchen, sonst wird doch auch aus der Arbeit nichts Rechtes!«

Gelegentlich unter falschem Namen aufzutreten, sich mal »Günther« oder »Förster« zu nennen, das war nichts Besonderes. Aber jetzt mußte man sich auf eine neue Identität umstellen, die des cand. jur. Friedrich Wilhelm Preuß.

Damals war ich kaum zweiundzwanzig und ahnte nicht, daß mir bevorstand, in den nächsten Jahren noch manches Mal Namen und Ausweis zu wechseln, so daß es Mühe machen würde, auseinanderzuhalten, unter welchem Namen mich dieser oder jener kannte.

Zunächst einmal ging ich zur Post, nahm den Ausweis vor, betrachtete jede Einzelheit, vor allem die Unterschrift, und schrieb meinen neuen Namenszug, meinen »Friedrich Wilhelm« im wahrsten Sinne des Wortes, in steilen gotischen Buchstaben, bis es mir flott von der Hand ging.

Was nun? Ein Zimmer! Das war kein besonderes Problem. In diesen Zeiten gab es Leute genug, die froh waren, an einen Studenten vermieten zu können. Im Bezirk Tiergarten zum Beispiel hingen häufig Zettel in den Fenstern: »Zu vermieten« – »Zimmer frei«. Man brauchte nicht lange zu suchen; ins dritte oder vierte Zimmer, das einen separaten Eingang hatte, zog ich ein.

Da wäre auch schon um ein Haar der gefürchtete Schnitzer passiert. Als die Wirtin nach meinem Namen fragte, war ich drauf und dran, den richtigen zu nennen. »Ta ...« Ich biß mir in letzter Sekunde auf die Zunge und stotterte: »Ta ... tatsächlich, hab mich Ihnen ja noch gar nicht vorgestellt: Mein Name ist Preuß, Friedrich Wilhelm Preuß.«

Der Schreck saß mir noch lange in den Gliedern.

Ein einfaches Zimmer, aber wie anheimelnd für einen, der wochenlang bis zum Abend nicht wußte, wo er sich diesmal schlafen legen würde. Mit Erleichterung stellte ich fest, daß ich nur einen Anmeldezettel ausfüllen mußte. Nun konnte ich meine paar Habseligkeiten einräumen, den Koffer holen, die Bücher auf dem Schreibtisch aufstellen und mich auf dem Bett ausstrekken.

Am anderen Morgen stand mir noch ein heikler Augenblick bevor: erster Gang in die Uni mit dem neuen Ausweis. Die Pförtner kannten mich doch seit Jahren, mußten sie nicht stutzig werden? Aber keiner dachte daran, sich das ganze Papier genau anzusehen.

Vielleicht hatten sie auch vorher nie genauer hingeschaut. Der Kontrolleur tippte bloß leutselig an die Mütze und ließ »Herrn Preuß« passieren.

8
Eine »Oktoberfeier« wie noch nie

Am 7. November 1934, dem siebzehnten Jahrestag der Großen Sozialistischen Oktoberrevolution, wollten wir eine neue Aktion starten, und zwar an mehreren Hochschulen zugleich.

Nachdenklich schlenderten Emil und ich die einsame Tiergartenstraße entlang. Wir spürten beide, was für eine Verantwortung auf uns zukam. Bisher hatten wir bei unseren Unternehmen mehr oder weniger allein gehandelt. Aber fünf, sechs Flugzettelböller auf einmal – das hieß, auch andere einzubeziehen.

»Stell dir vor, wenn einer von den Neuen hochgeht, Emil! Dann haben wir keine ruhige Minute mehr.«

»Dagegen gibt es nur ein Mittel: gut organisieren und technisch so vorbereiten, daß so ein Ding unter keinen Umständen von selber losgeht. Absolut sicher machen.«

»Nehmen wir uns da nicht ein bißchen viel vor? Bei unseren bescheidenen Kräften?«

»Gerade weil wir wenig sind, müssen wir unsere Kräfte maximal einsetzen. Willi fordert immer wieder: ›Aktiver werden! An den Hochschulen mit allen Mitteln in Erscheinung treten, Sympathisierende ermuntern!‹ Wir müssen jede Chance nutzen – was wird sonst?«

Ruths Worte fielen mir ein: »Dazu sind wir schließlich Kommunisten!«

»Alles gut und schön, aber unsere Erzeugnisse sind nun einmal gefährlich. Wie soll man sie absolut sicher machen?«

»Du wirst dir bestimmt etwas einfallen lassen. Kannst du keine Sicherungen einbauen?«

Sicherungen? Natürlich, man konnte einen zusätzlichen Schalter einmontieren, der den Stromkreis unterbrach, um ihn erst im entscheidenden Moment zu schließen, auf einen Knopfdruck zum Beispiel.

»Geht in Ordnung, Emil. Wird gemacht.«

Das geplante »Revolutionsfeuerwerk« gab uns harte Nüsse zu knacken. Sechs Böller bedeuteten nicht nur sechsfache Arbeit beim Herstellen, sondern Kopfzerbrechen darüber, wie die noch unerfahrenen Mitstreiter vorbereitet werden sollten. Wir hatten ihnen ihre Aufgabe zu erleichtern, soweit es nur ging. Was im wesentlichen von ihnen verlangt wurde – das gefährliche Objekt an eine bestimmte Stelle zu befördern und ruhig wegzugehen –, das erforderte schon genug Kaltblütigkeit und Entschlossenheit. Man durfte von ihnen nicht außerdem noch die Beherrschung von technischen Einzelheiten erwarten. Das Prinzip, möglichst alle Arbeit ins Vorbereitungsstadium zu verlegen, mußte diesmal perfekt gehandhabt werden.

Metallbehälter kamen jetzt nicht mehr in Frage. Nicht nur, weil sie dem Neuen Angst einflößen würden, er müßte sie auch sachgemäß verstecken, und das sollte man von ihm besser gar nicht erst verlangen. Die Behälter müßten schon fertig verpackt sein, damit sie kein weiteres Versteck erforderten. Als verschnürte Pakete? Wann schleppten aber Studenten schon Pakete mit sich herum! Was wäre wohl an der Uni die zweckmäßigste Tarnung? Bücher! Natürlich, Bücher fielen an den Hochschulen am wenigsten auf. Man konnte sie unbesorgt unterm Arm tragen und bei Bedarf irgendwo hinlegen. Also – Buchattrappen!

*

Beate hatte mir von einem Rechtsanwalt eine Besuchserlaubnis bei Ruth im Gefängnis besorgt.

Kahle Wände und Stahlgitter, Stahlgitter vom Boden

bis zur Decke, das war alles, was der Besucher im Frauengefängnis Barnimstraße zu sehen bekam. Graue Treppen und Gänge, geteilt durch hohe Gittertüren, nur ab und zu eine schlüsselbundklappernde Wärterin.

Eine Beamtin nahm kühl die Sprecherlaubnis entgegen, die ich ihr hinhielt.

»Für fünfzehn Uhr fünfundvierzig?« Sie blätterte in einer abgegriffenen Kladde. »Die Siebzehnhundertneunundzwanzig? Und wer sind Sie, wenn ich fragen darf, Herr Preuß?«

»Der Verlobte.«

»Soso. Frau Schulze, führen Sie den Herrn zur Sprechstunde mit Nummer siebzehnhundertneunundzwanzig.«

Frau Schulze war eine ältere Frau mit gutmütigem Gesicht. Sie führte mich über eiserne Treppen und durch hallende Gänge, durch manches Gittertor, das mit dem rasselnden Schlüsselbund geöffnet werden mußte und hinterher laut ins Schloß fiel, so daß das Echo aus allen Winkeln hallte.

»Warum ist Ihre Verlobte eigentlich hier?« fragte die Frau unterwegs beinahe mitfühlend. »Politisch? Ach ja«, seufzte sie, »was heutzutage so alles passiert.«

Auch im Sprechzimmer – Eisengitter.

»Warten Sie«, sagte die Wärterin, schlug dem verdutzten Besucher freundlich nickend die Gittertür vor der Nase zu und ging.

Für Ruth war das der Alltag. Ein halbes Jahr war sie schon hier im Gefängnis. Was war während dieser Zeit draußen nicht alles passiert – wie viele gute Freunde hatte man inzwischen kennengelernt, wie viele Freuden und auch Enttäuschungen erlebt. Ruth sah und hörte von unserem Leben, von unserem Widerstand gegen das Naziregime nichts. Und noch dreimal so lange mußte sie in Haft bleiben.

Endlich kam die Wärterin zurück – mit Ruth! Selbst in der Gefängniskleidung sah das Mädel adrett aus. Die

Wärterin schloß auf und ließ sie zu mir herein, kam aber zu meiner Enttäuschung selbst mit in den Besucherraum.

»Kein Wort von Politik, bitte ich mir aus.«

Beklommene Begrüßung. Ruth ließ sich berichten, was es in der »Familie« gab, wie es »Onkel Emil« ging und »Tante Beate«. Ob ich auch die Eltern mal besuchte? Dabei nickte sie aufmunternd.

»Sehen Sie«, mischte sich die Wärterin ein, »Ihre Eltern bangen um Sie, ihr Verlobter auch. Und Sie machen solche Sachen! Als ob Frauen sich überhaupt in Politik einmischen sollten! Manche von euch behaupten sogar noch, sie wären stolz darauf, im Gefängnis zu sein.«

»Ich wäre ganz zufrieden, wieder herauszukommen«, meinte Ruth sachlich.

Die Wärterin drehte uns den Rücken zu und beschäftigte sich mit ihrem Schlüsselbund. Ruth legte mir die Hände auf die Schultern.

»Ach, mein Guter, mach dir nur keine Sorgen um mich, ich komme doch bald wieder heraus, schon in anderthalb Jahren. Die vergehen ja schnell. Denkst du manchmal an mich?«

»Ruth, mein Liebes! Natürlich denke ich immerzu an dich, das hilft mir bei der Arbeit. Haben schon allerhand gemacht.«

»Gib bloß auf dich acht, Friedrich!« sagte Ruth und flüsterte: »Ich wußte gleich, daß du es bist!«

»Schluß jetzt, ich muß Sie zurückbringen«, unterbrach die Wärterin. Sie nahm Ruth beim Arm und wandte sich zum Gehen.

Nun ging sie wieder in ihre kahle Zelle zurück, ruhig, mit erhobenem Kopf – »Pym«, mein tapferes Mädchen.

*

Gestärkt ging ich wieder an die Kleinarbeit. Für die neue Aktion brauchte man eine ganze Menge Material. Herbert übernahm die Bestellungen. Voller Elan beschaffte er mit seinen Jugendgenossen die vielen verschiedenen Sachen, die natürlich unauffällig besorgt werden mußten.

Schon die Uhren – ganz bestimmte, flache mußten es sein – konnten verräterisch werden. Die Behälter mit dem technischen Inhalt fielen ja unweigerlich in die Hände der Kriminalpolizei, die sie analysieren ließ. Natürlich war es für die Polizei das Nächstliegende, nachzuforschen, woher die einzelnen Teile stammten. Heute wissen wir, daß sie wahrlich keine Mühe und Kosten dabei gescheut hat.

Herbert also war wieder unser Lieferant. Er erstand die verschiedenen Drahtsorten, Batterien, Werkzeuge und viele Kleinigkeiten mit größter Umsicht und – was außerordentlich wichtig war – auch mit größter Sparsamkeit. Er machte die billigsten Quellen ausfindig und rechnete mit jedem Pfennig, bevor er seine Helfer zum Einkauf schickte, meist in die großen Warenhäuser, wo man am wenigsten auffiel. Die Taschenuhren zum Beispiel ließ er im Kaufhaus Karstadt kaufen. Es ging um Organisationsgelder, jede Mark und jeder Groschen bedeuteten Verzicht.

*

Einen Fuß auf dem Pedal, den anderen auf der Gehsteigkante, so saß Emils Kurier startbereit auf seinem Rad und warf aufmerksame Blicke in die Runde. Leise nannte er eine Weddinger Adresse, ich wiederholte sie halblaut.

»Und wann ist er zu Hause anzutreffen?«

»Nachmittags immer, arbeitslos natürlich. Sag ihm, daß du von Emil kommst.«

Er trat in die Pedale, und schon war er verschwunden.

Ich machte mich gleich auf den Weg in Richtung Wedding. Vom Bahnhof ging es noch ein beträchtliches Stück durch einförmige Straßen, grau in grau, ein Haus so trübselig wie das andere. Nur die Kinder brachten Leben in die Straßen, die Kinder der Steinwüste, die zu Dutzenden in den Toreinfahrten herumwimmelten.

Über die Kleinsten, die im Flur krabbelten, mußte man vorsichtig hinwegsteigen, wenn man ins Haus wollte.

Zweiter Hof, Quergebäude. Eine finstere Treppe mit ausgetretenen Stufen führte nach oben. Es war nicht einfach, im Dunkeln die richtige Tür zu finden.

Eine adrette junge Frau in blauer Schürze machte auf.

»Ist Rudolf zu Hause?«

Zögernd ließ die Frau den Unbekannten ein. Aber nicht in die erwartete Elendswohnung, sondern in ein kleines, modern eingerichtetes Zimmer.

Von nebenan kam ein untersetzter junger Mann.

»Tag!« sagte ich und überzeugte mich, daß die Tür zu war.

»Bist du Rudolf?«

Der sah mich bürgerlich Gekleideten, mit Schlips und Kragen, einen Augenblick unwillig an.

»Was wollen Sie?« fragte er schroff.

»Emil schickt mich zu dir, wegen der Tischlerarbeiten.«

»Emil« – das war ein Zauberwort. Ich wußte im voraus, daß ich mich auf seine Wirkung verlassen konnte. Augenblicklich hellte sich Rudolfs Gesicht auf.

»Weiß schon! Komm rein!«

Er wischte seine Hand kurz an der Hose ab und streckte sie dem eben noch so kritisch Gemusterten freundlich hin.

In einer winzigen, fensterlosen Kammer voller Werkzeug, Holz und Späne setzten wir uns auf die kleine Hobelbank und steckten beim Lampenschein die Köpfe über meiner Zeichnung zusammen. Sie schien Rudolf zu gefallen, alle Maße waren genau eingezeichnet.

»Das kann aus einfachem Holz gemacht werden«, erläuterte ich. »Besonderen Druck braucht es nicht auszuhalten. Es ist nämlich bloß so eine Art Gerüst, nachher kommen Pappdeckel drauf, damit es aussieht wie ein Buch.«

Rudolf strich die widerborstigen Haare zurück und blinzelte mir zu.

»Versteh' schon. Ihr macht da ganz ordentliche Sachen an der Uni. Eigentlich hätte ich das nie gedacht«, setzte er ehrlich hinzu. Als er mein Lächeln sah, fuhr er fort: »Na, sieh sie dir doch mal an, deine Intellektuellen! Wozu gebrauchen die eigentlich ihren Kopf? Um sich gegenseitig mit Schmissen zu verzieren? Als voriges Jahr die SA hier hauste, alles durchkämmte, Dutzende von Genossen zusammenschlug und Hunderte verschleppte – wer war das? Oftmals Studenten!«

»Sieh dir aber mal die Zusammensetzung der Studenten an. Es gibt doch kaum welche unter ihnen, die aus der Arbeiterklasse kommen. Es gibt viele aus dem Kleinbürgertum, die ganz schön ackern müssen, um sich Brot und Studium zu verdienen. Sollen wir die einfach dem reaktionären Einfluß überlassen?«

»Auf alle Fälle, bei einer ordentlichen Sache« – Rudolf schlug mit der Hand aufs Zeichenblatt – »tue ich gern mit. Wann muß es fertig sein?«

»Mittwoch, wenn es geht. Aber wir brauchen nicht nur einen Kasten, wir brauchen sechs Stück.«

»Sechse!« Rufolf schmunzelte anerkennend. »Bloß – da braucht man auch allerhand Material, gekehlte Leisten und so ...«

»... und natürlich Geld. Reicht das hier?«

Rudolf hielt den Schein unschlüssig in der Hand. »Ich muß es nehmen, ich ...«

»Ich weiß, du bist arbeitslos.«

»Deshalb habe ich Zeit für ›Nebenbeschäftigung‹. Dienstag abend kannst du sie abholen. Am besten, wenn es dunkel ist.«

*

Zur illegalen Arbeit brauchte man durchaus nicht nur Mut. Wir kamen bald dahinter, daß man vor allem noch dreierlei benötigte: hilfreiche Freunde, Wohnungen und Geld. Verläßliche Genossen konnten wir meistens finden, zum Beispiel Rudolf, Geldmittel dank Beate zur Not auch. Aber an geeigneten Wohnungen fehlte es häufig.

Dort, wo ich als cand. jur. F. W. Preuß wohnte, war ungestörtes Arbeiten unmöglich. Die Wände waren dünn, die Nachbarn neugierig, und man hatte nicht die Gewißheit, daß die Wirtin Schränke und Koffer nicht durchsuchte.

»Kommt gar nicht in Frage«, entschied Emil, als ich ihm meine Sorgen vortrug. »Unter keinen Umständen kannst du bei dir eine Werkstatt aufmachen, du hast doch kein Atelier mehr. Überhaupt darfst du in deiner neuen Behausung nichts aufbewahren, weder Papiere noch Werkzeug. Für diese Arbeit mußt du ein ruhiges Zimmer bekommen.«

Am anderen Tag erhielt ich durch Emils Kurier, den Radfahrer, eine Adresse und den Bescheid, wann ich mich dort melden konnte. Zwei hochaufgeschossene ernste junge Männer mit etwas eckigen Bewegungen, anscheinend Brüder, der eine blond, der andere brünett, empfingen mich im Flur einer weitläufigen Wohnung und führten mich in ein abgelegenes Zimmer.

»Hier kann man ungestört arbeiten«, sagte der Brünette, »niemand hört, was bei uns vorgeht.«

Auf dem Schreibtisch lagen Militärzeitschriften.

»Interessant«, murmelte ich und dachte: Daher diese eckigen Bewegungen.

»Jeder hat so sein Spezialgebiet«, meinte der Blonde zurückhaltend. Beide machten keine Anstalten, aus dem Zimmer zu gehen. Unschlüssig stellte ich den Koffer hin. Zu dumm, daß ich nicht wußte, wie weit man die Jungen ins Vertrauen ziehen konnte.

Sie merkten meine Zweifel.

»Stören wir dich?« und »Fang ruhig an!« sagten sie.

»Was meint ihr, was hier gemacht werden soll?«

»Bomben!« antworteten sie prompt.

»Von wem wißt ihr das?«

»Von Emil.«

»Er hat bestimmt ›Böller‹ gesagt. Wir machen Flugzettelböller *gegen* Bomben!«

»Ist doch klar! Wer außer den Nazis ist für Bomben!«
»Was hat Emil sonst noch gesagt?«

»Daß du der Gruppenleiter bist, der Mann, der die Sache aufgezogen hat, und daß alles in drei Tagen fertig sein muß«, erstattete der Blonde Bericht.

Da befand ich mich plötzlich in der Rolle eines »Kommandeurs«, von dem Befehle erwartet wurden. Unsere Arbeit hatte bewirkt, daß sich der Tischler Rudolf und die beiden Brüder uns anschlossen.

»Na schön, wenn ihr im Bilde seid, könnt ihr ja mithelfen. Hier sind Handschuhe, nichts darf mit bloßen Händen angefaßt werden. Könnt ihr mit einem elektrischen Lötkolben umgehen?«

»Jawohl!« antworteten sie wie aus einem Munde.

Minuten später war der Schraubstock aufgestellt, das Werkzeug ausgebreitet und die Arbeit in vollem Gange.

Emil ließ sich später von mir berichten. Nach so einem Treff dachte ich immer: ein feiner Kerl, der Emil. Dabei kannten wir einander nur von der Arbeit her. Emil wußte natürlich über mich Bescheid: Adresse, Herkunft, Tätigkeit, Verbindungen und so weiter; Grete Wittkowski hatte ihn seinerzeit ausführlich informiert. Ich dagegen hatte damals keine Ahnung, wer Emil eigentlich war, was er studierte, wo er wohnte, wie er wirklich hieß.

Das mußte so sein. Es war nicht üblich, nach persönlichen Angelegenheiten zu fragen. Wie leicht schwatzte man an falscher Stelle etwas aus! Mit Schrecken erinnerte ich mich der Begegnung, als ich Hempel, dem Antiquar, beinahe von Willis organisierter Flucht aus dem KZ und seiner neuen Existenz erzählt hätte.

*

Beim Schein einer kleinen Schreibtischlampe steckten wir beide die Köpfe zusammen: Willi, konzentriert wie stets, und ich, etwas nervös, damit beschäftigt, mir immer wieder die Haare aus den Augen zu streichen. Vor

> eute, am Jahrestag der russ.
> evolution, marschieren Millinen russischer Arbeiter, beeit zur Verteidigung der sozialistischen Revolution.
> In ihren Händen die Betriebe
> In ihren Händen der oden
> In ihren Händen die Waffen!
> ameraden! Auch wir wollen die affen tragen für ein freies sozialistisches Vaterland!
> ereinigen wir uns deshalb zum turze Hitlers!
> lles für den ies de ozialistischen Revolution!
> Die Hochschulgruppe der KPD.

Flugblatt der Roten Studenten für ihre Aktionen
am 7. November 1934

uns lag ein kleines Seidenpapierblättchen, der Entwurf für einen Flugzetteltext.

Seitenlang hätte man schreiben und alles darin erklären mögen. Aber wieviel ging schon auf ein kleines Flugblatt. Wir hatten uns die größte Mühe gegeben, den Text zu komprimieren, nach Willis Forderung: Jede Zeile – Dynamit!

»Das Wort ›Revolution‹ kommt gleich viermal vor, ein bißchen viel für so einen kurzen Text, meinst du nicht?« fragte Willi.

»Aber es ist doch der Jahrestag der Revolution!«

»Dreimal ist genug.« Willis Rotstift strich energisch. Hier und da noch eine kleine Korrektur, dann legte Willi das Blatt hin.

»Man könnte noch dies und das ändern, aber so kann es bleiben.«

Ich überflog den Text, der am 7. November 1934 an sechs Stellen zugleich unter die Menge fliegen sollte:

»Heute, am Jahrestag der russ. Revolution, marschieren Millionen russischer Arbeiter, bereit zur Verteidigung der sozialistischen Revolution.

In ihren Händen die Betriebe.
In ihren Händen der Boden.
In ihren Händen die Waffen!

Kameraden! Auch wir wollen die Waffen tragen für ein freies
sozialistisches Vaterland!
Vereinigen wir uns deshalb zum Sturze Hitlers!
*Alles für den Sieg
der sozialistischen Revolution!*

Die Hochschulgruppe der KPD«

*

Um den Text drucken zu können, bekam ich von Herbert zwei zuverlässige Mädchen, Helga und Maria, zur Unterstützung. Marias Blick erinnerte mich schmerzlich an Ruth. Helga war überaus keß, eine echte Berliner Pflanze.

»Los, gehn wir rauf in meine Bude! Meine Wirtin weiß schon Bescheid, daß ich heute abend mit einem neuen Freund anrücke. Faß mich unter, Mensch, sei nicht so schüchtern!«

Helgas Zimmer war schmal wie ein Korridor, so daß man kaum an der Matratze vorbeikam, die mit Sachen überhäuft am Boden lag.

Sie holte einen etwas klapprigen Abziehapparat hervor, baute ihn auf das Tischchen, und los ging es. Die Mädchen hantierten trotz der Handschuhe überaus geschickt mit den hauchdünnen Seidenpapierbogen, stundenlang, ohne zu ermüden. Der Abziehapparat rumpelte allerdings ziemlich laut.

»Psst!« flüsterte Maria und hielt erschrocken inne. »Es klopft an der Wand. Deine Wirtin!«

In aller Eile wurde der Apparat versteckt. Maria warf

noch rasch ein Deckchen auf den Tisch, während Helga zur Tür hinaushuschte. Ich rollte noch das Papier zusammen, da kam sie schon kichernd zurück.

»Die gute Frau hat Mitleid mir dir, Kürbis!«

»Hat sie was gemerkt?«

»Im Gegenteil, sie ist überzeugt, daß wir uns hier zu dreien übermäßig amüsieren.«

Mit größter Behutsamkeit wurde der Rest ausgedruckt. Dann kam das Imprägnieren. Über der Waschschüssel wurden die Blätter einzeln besprüht und dann an Fäden zum Trocknen aufgehängt.

»So, jetzt gehen wir scherbeln.« Die Augen der beiden Mädchen blitzten unternehmungslustig.

»So spät noch?«

»Heute ist doch Sonnabend! Nebenan ist ein kleines nettes Lokal. Und für mein Zimmer habe ich einen Sicherheitsschlüssel, aus gutem Grund.«

Den Mädchen gegenüber kam ich mir wie ein Opa vor, der von der Höhe der Weisheit auf die Jugend herabschaut.

»Sei doch kein Frosch!«

Es half nichts, ich mußte mit.

*

Am Dienstag fuhr ich wieder zum Wedding. Die sympathische junge Frau zog mich gleich in die Küche.

»Setz dich«, sagte sie und strich das krause Haar aus den Augen. »Rudolf erwartet dich schon. Er ist jetzt aber draußen, um zu sehen, ob nicht jemand spioniert. Trink inzwischen eine Tasse Kaffee. Ist zwar bloß Malzbrühe ...«

»... aber wie du ihn kochst, schmeckt er fabelhaft«, unterbrach ich sie. »Sag mal, eure Wohnungseinrichtung – hat die Rudolf selbst gezimmert?«

»Ja, natürlich, alles aus Abfallholz«, erklärte sie stolz.

»Das hat er aber wunderbar hingekriegt.«

»Wenn du eine Ahnung hättest, was das für Arbeit macht, alles aus Schwarten und schmalen Leisten zusammenzustückeln, lauter Astlöcher und kienige Stellen. Manchmal, wenn es ihm unter den Händen zersplitterte, warf er alles ganz verzweifelt hin. Aber nach einer Weile hat er sich wieder darangemacht – und es ging! Er ist eben nicht unterzukriegen.«

»Ist er schon lange arbeitslos?«

»Seit zwei Jahren.«

»Und seitdem lebt ihr von der Arbeitslosenunterstützung?«

»›Alu‹ erhält er schon lange nicht mehr, nur noch ›Wohlfahrt‹. Acht Mark fünfzig die Woche.«

»Du meine Güte, acht Mark fünfzig!«

»Es wird ja nicht immer so bleiben. Und wenn man bedenkt, daß es den Genossen im Gefängnis noch viel schlechter geht. Ach«, fügte sie hinzu, als ich bitter nickte, »hab ich dich auf traurige Gedanken gebracht? Ist von dir auch jemand drin?«

»Mein Mädel, seit einem halben Jahr.«

»Du armer Kerl.« Sie legte mir mütterlich die Hand auf die Schulter. »Ja, so haben wir alle unser Päckchen zu tragen. Hier im Wedding gibt es viele Familien, von denen einer hinter Gittern ist. Du mußt immer daran denken, daß auch das mal vorübergeht.«

Die Tür wurde leise geöffnet, Rudolf kam mit einem großen verschnürten Paket unter dem Arm herein.

»Guten Tag, Genosse!« sagte er. »Deine Kästen sind fertig. Ich hatte sie nebenan untergestellt, für alle Fälle.«

Hell und glatt kamen die Kästen aus dem Packpapier zum Vorschein, ohne die kleinste Fuge. Ein Duft von frischem Holz ging von ihnen aus.

»Großartig hast du das gemacht, Rudolf!« Ich fuhr mit dem Zollstock in einige Fächer: Die Maße stimmten auf den Millimeter genau. Und solche Fähigkeiten lagen brach, wie bei Millionen seinesgleichen.

»War es dir nicht um die Arbeit zu schade – für die ›unverbesserlichen‹ Studenten?«

Rudolf hob abwehrend die Hand. »Bitte, spiel hier

nicht die gekränkte Leberwurst. Als ob du nicht wüßtest, wie das gemeint war! Da gibt es Tausende von jungen Leuten, die studieren. Sie müssen doch merken, daß in der Welt etwas nicht in Ordnung ist. Warum sind denn so wenige von ihnen bei euch Roten Studenten?«

»Die meisten stammen doch aus dem Bürgertum, und das herrschende Regime hat mit Gewalt und Versprechungen ein übriges getan ...«

Ich legte die Kästen hin und stand auf. »Was für schöne Bücher du hier stehen hast ...«

Rudolf fuhr liebevoll mit der Hand über das Regal. Werke von France, Balzac, Tolstoi, Keller und Storm, Mann und Hauptmann standen sauber ausgerichtet in ihren Leineneinbänden da.

»Viele von den besten Sachen hat er verstecken müssen«, seufzte die junge Frau. »Gorki, Gladkow, Anna Seghers, von Marx und Engels ganz zu schweigen – alles vergraben.«

»Wer weiß, ob nicht womöglich Feuchtigkeit rankommt, trotz Kiste und Ölpapier«, meinte Rudolf sorgenvoll.

»Du, wart mal, so geht das nicht«, sagte er dann, als ich die sechs Kästen in meine Mappen verstaute und mich zum Gehen fertig machte. »Du kannst hier nicht mit zwei vollen Taschen auf einmal verschwinden, das fällt auf. Hast du eine Ahnung, wie die hier aufpassen! Eine nehme ich und bring' sie dir gleich zum Bahnhof.«

*

Das Brüderpaar strahlte, als ich die sechs Buchattrappen auspackte.

Der große Tisch wurde in seiner ganzen Länge ausgezogen. Der Kronleuchter erhellte das geräumige Zimmer und warf sein Licht auf lauter ordentlich hingebaute Stapel von Werkstücken.

Die Brüder sahen gewissenhaft zu, wie ich die Holzgestelle anbohrte, Leitungen verlegte, und machten es dann nach, ohne viele Worte zu verlieren.

Die Eisenblechbehälter fügten sich genau in die Kästen, die Drähte, rechtwinklig abgebogen, in ihre Gummibetten. Schalter, Batterien – alles wurde sauber mit Isolierband umwickelt. Die Uhren bekamen feste Wattepackungen, die das Ticken dämpften.

Stolz betrachteten wir drei die sauber eingebauten Einzelteile in den sechs Kästen, die einander ähnlich sahen wie ein Ei dem anderen.

Einer nach dem anderen wurden die Apparate mit der Prüflampe eingehend getestet und mit Versuchszündern praktisch ausprobiert.

»Das ist doch mal Arbeit für einen anständigen Zweck!« Dem Blonden zitterten die Hände vor Erregung.

»Sachte, mein Lieber! Jetzt sind die Ladungen dran, da muß man schon kaltes Blut bewahren, sonst fliegt uns das Zeug um die Ohren.«

Noch Asbest und die Flugblätter darauf, dann wurden die Metallbehälter fest verschlossen.

Lange nach Mitternacht waren die Einbände an der Reihe. Die beiden Brüder erwiesen sich als richtige Künstler. Rundum wurden die Attrappen sauber verklebt und mit haarfeinen Strichen versehen, so daß man deutlich Buchseiten zu erkennen meinte. Schließlich bekam jeder Band noch einen Umschlag von starkem blauem Papier, wie er unter Studenten üblich war.

Mit großer Freude bauten wir die sechs dicken Bände nebeneinander auf den Tisch.

»Unsere Gesammelten Werke! Großartig, was?«

Zum Schluß wurden die »Bücher« in zwei Taschen verstaut. Erst jetzt zogen wir unsere Handschuhe aus und stellten fest, daß wir zum Umfallen müde waren.

»Schade!« seufzte der Brünette. »Schade, daß wir beim Unterbringen der Dinger nicht dabeisein können. Emil hat es uns strikt verboten, unserer besonderen Arbeit wegen, sagt er.«

*

Die Botschaft der UdSSR in Berlin, Unter den Linden,
in den zwanziger Jahren

Ein klarer Morgen zog herauf. Sofort hellwach, lief ich zum Fenster und riß es auf. Durchdringende Kühle strömte ins Zimmer. Heute war der große Tag, der 7. November.

Eilig machte ich mich fertig und lief zur Bahn. Es

stand eine Menge Arbeit bevor, aber zuerst, solange Zeit war, mußte ich die Fahne besuchen.

Im Stadtzentrum herrschte noch Stille. Hinter der Straßenecke sah ich sie schon von weitem: die große rote Fahne. Zum Jahrestag der Oktoberrevolution hatte die sowjetische Botschaft am Portal geflaggt. Das Tuch bauschte sich im Wind. Wieviel bedeutet mir doch die rote Fahne. Und was für ein Glück, dachte ich, daß wir die Sowjetunion haben. Wie trostlos wäre es, wenn es sie nicht gäbe. Langsam ging ich an der Fahne vorüber, ohne den Blick von ihr zu wenden ...

Wenn man ein Unternehmen auch sorgfältig vorbereitet, am entscheidenden Tag bleibt immer noch eine Menge zu tun. Als Illegaler kann man sich ja nicht frei bewegen. Jeder Treff nimmt Zeit in Anspruch; vorher und nachher ist zu kontrollieren, ob man nicht beobachtet wird. Das Räumen einer illegalen Werkstatt und der Abtransport der Behälter müssen doppelt und dreifach gesichert werden, um nicht im letzten Augenblick noch alles aufs Spiel zu setzen.

Dann waren die Teilnehmer der Aktion zu instruieren. Das geschah absichtlich am letzten Tag; sie sollten die Nacht noch ruhig schlafen und keine Gelegenheit haben, auch dem besten Freund, dem nächsten Verwandten gegenüber eine unbedachte Äußerung zu machen.

Um die Frage, wer alles mitmachen sollte, hatte es erregte Diskussionen gegeben. Kuddel konnten wir nicht erreichen; er ging wohl gerade außerhalb Berlins einem Broterwerb nach. Sicher würde er sich hinterher mächtig ärgern, nicht dabeigewesen zu sein.

Willi wollte selber mittun, aber das wurde abgelehnt. Als unser Leiter hatte er Wichtigeres zu tun, auch war er aus dem Konzentrationslager geflohen und deshalb besonders gefährdet.

Herbert mußte mit Diplomatie überredet werden, daß er keinen Herzanfall riskieren dürfe, auch in unser aller

Interesse. Dafür sollte seine Gruppe eins von unseren »Büchern« bekommen.

Beate etwas abzuschlagen war gar nicht einfach, aber Emil blieb hart: »Du bist zu schön und zu bekannt!« Für die Universität kam sie nicht in Betracht, und in fremder Umgebung würde sie mit ihrem Äußeren ungewollt die Aufmerksamkeit auf sich lenken. Eine Personenbeschreibung wäre einem zufälligen Zuschauer nicht schwergefallen.

Emil schickte die Ausgesuchten im Abstand von einer Stunde zu ihren Instruktionstreffs. Einer fehlte, er sei plötzlich krank geworden, hieß es. Für ihn mußte also kurzfristig Ersatz beschafft werden.

Ein stilles Zimmer irgendwo in Berlin. Leise wurde die Tür geöffnet, und der »Kandidat« kam herein, gespannt und etwas rot vor Erwartung.

»Dies hier ist also ein Flugzettelböller. Du weißt, was es damit auf sich hat. Bist du bereit, heute abend so ein Ding unterzubringen? Ist dir auch klar, was passiert, wenn du dabei hochgehst? Nicht anfassen! Da dürfen keine Fingerspuren dran sein. Hier sind Handschuhe.«

Dann erklärte ich ihm genau, was er im einzelnen zu tun und zu beachten hatte.

»Du kriegst deinen Behälter nachher, zusammen mit ein paar neuen Heften, in ein Stück Papier eingeschlagen. Du trägst das Paket so, wie es ist, legst es mit den Heften nach unten an den vorgesehenen Platz, nimmst erst dann das Einwickelpapier ab und knüllst es unauffällig in die Tasche. Erkunde vorher genau die Ablagestelle, Ein- und Ausgänge, alle Möglichkeiten, um schnellstens zu verschwinden.«

Strahlend wie immer trat Steinchen – Werner Steinbrink –, Herberts Stellvertreter, ins Zimmer. Er ließ sich die Funktionsweise erklären und hätte am liebsten die Konstruktion auseinandergenommen und wieder zusammengesetzt.

Dann kam der Radfahrer, Emils Verbindungsmann an

Werner Steinbrink

die Reihe, der seine Aufgeregtheit hinter gespieltem Gleichmut verbarg.

Zum dritten Treff in einer dritten Wohnung erschien als »Ersatzmann« ein schüchternes Mädchen. »Die Mücke«, dachte ich bestürzt. Mit diesem treffenden Spitznamen hatte Beate sie bedacht. Die Kleine hatte offensichtlich viel guten Willen, heftiges Herzklopfen aber auch.

»Überleg dir's, vielleicht ist die Sache für dich zu

schwierig?« riet ich ihr nach der Instruktion noch einmal.

»Nein, nein, das nicht! Aber explodiert es auch bestimmt nicht zu früh?«

Zum letzten Treff kam wider Erwarten Emil selbst.

»Unser sechster kann erst halb fünf kommen, kurz bevor es losgeht. Macht nichts, das ist ein patenter Kerl. Dem brauchst du bloß ganz kurz zu sagen, wie er das ›Buch‹ hinlegen soll. In großen Zügen weiß er schon Bescheid.«

Fünf Minuten vor halb fünf wartete Emil in einem alten Ford an der verabredeten Stelle. Am Steuer saß ein Schweigsamer mit Schirmmütze. Er schenkte uns keine Beachtung. Im dunklen Wagen setzten wir uns auf den Rücksitz, die beiden Mappen zwischen uns. Emil leuchtete mit einer Taschenlampe, ich stellte die Zündungen ein. Ein »Buch« nach dem anderen wurde aufgeklappt, ich kontrollierte die Uhren, stöpselte die Kontakte ein, schloß die Deckel.

Emil lächelte aufmunternd. »So, jetzt fahren wir dich erstmal zum Treff mit dem sechsten Genossen.«

Der Wagen rumpelte los, und ein paar Minuten später hielt er an einer ruhigen Ecke.

»Dort drüben, das ist er.« Emil winkte und nahm eine Mappe mit drei »Büchern« an sich; die andere klemmte ich unter den Arm und stieg aus. Die Wagentür schlug zu, der alte Ford verschwand.

Auf der anderen Straßenseite stand der sechste, groß und breitschultrig, in weitem Mantel mit hochgeschlagenem Kragen und Hut. Wir gingen aufeinander zu und sahen uns an.

»Servus, Genosse. Du nimmst also die Hochschule für Politik. Weißt du Bescheid?«

»Alles klar.«

»Hier ist das ›Buch‹. Mit dieser Seite nach oben hinlegen, dann den äußeren Umschlag abnehmen und an der Schnur ziehen.«

Staatsbibliothek Berlin, Unter den Linden

»Schön. Das andere hat mir Emil schon erklärt. Geht in Ordnung.«

»Also mach's gut!«

Ein Treff zweier Genossen, die sich im Leben nur für zwei Minuten begegneten ...

Weiter zum nächsten Treff. »Die Mücke« war nicht pünktlich zur Stelle. Ewigkeiten schienen zu vergehen, bis sie endlich ankam, völlig aufgelöst und außer Atem.

»Entschuldige schon, aber ...«

»Macht nichts, hier ist dein Paket. Du weißt, was du zu tun hast: In der Uni-Vorhalle auf die Bank legen, dich danebensetzen und am Lesezeichen ziehen, dann langsam aufstehen und weggehen. Du hast dir doch das Foyer gut angesehen?«

»Das ja, aber ...«

»Was denn?«

»Wenn es beim Ziehen gleich explodiert?«

»Das wird es nicht! Und selbst wenn – dann bist du

Der Kuppellesesaal in der Staatsbibliothek.
Er wurde im zweiten Weltkrieg zerstört

doch die einzige, die weiß, was los ist. Das hast du allen anderen Leuten voraus, die sind erstmal völlig verwirrt. Du nutzt die Schrecksekunde aus, gehst die paar Schritte zur Tür und verschwindest.«

»Die Mücke« war nicht völlig überzeugt, trotz meines Zuredens zog sie ein zweifelndes Gesicht.

»Schön, wenn du es dir nicht zutraust, nehme ich eben deins noch mit.«

»Nein, nein, ich geh' schon«, flüsterte sie und ging.

Es tickte nur noch ein »Buch« in der Tasche, fünf waren verteilt.

Im Geschwindschritt ging ich zur Staatsbibliothek Unter den Linden. Erst jetzt spürte ich, wie die Spannung an mir zerrte. Mit dem Menschenstrom zur Taschenabgabe. Als ich endlich in den Lesesaal kam, zeigte die große Uhr bereits vier Minuten vor fünf.

Unter der Kuppel des kreisrunden Saales war es still wie in einer Kathedrale. Auf einen freien Arbeitstisch legte ich »Buch« und Hefte, nahm die Hülle vom »Buch« und steckte sie in die Tasche. Danach zog ich am Lesezeichen. Das »Buch« blieb ruhig liegen, nur der Tischnachbar sah hoch: Es hatte vernehmlich geknackt. Ich schaltete die Tischlampe ein, als Zeichen, daß der Arbeitsplatz besetzt war, und ging.

Der Zeiger der Uhr ruckte deutlich hörbar auf zwei Minuten vor fünf.

Die Treppen hinunter durch die Sperre. Nicht rennen! Zur Garderobe. Nicht auffallen! Endlich durch die schwere Tür ins Freie.

*

Jetzt hieß es bis sieben Uhr abends warten. Als ich Emil traf, war er nicht sehr froh. »Alle haben sich gemeldet, bloß ›die Mücke‹ nicht.«

»Und sonst?«

»Auf dem Alex war auch alles still, aber die übrigen vier haben eingeschlagen: deine in der Staabi, meine in der TH, die in der Hochschule für Politik und die in Neukölln.«

Am nächsten Tag wußte Emil mehr.

»Der Böller im Uni-Foyer ist also nicht explodiert, sondern den Nazis intakt in die Hände gefallen.«

»Hat also ›die Mücke‹ …«

»Versagt, ja. Hat es reumütig eingestanden. Im ent-

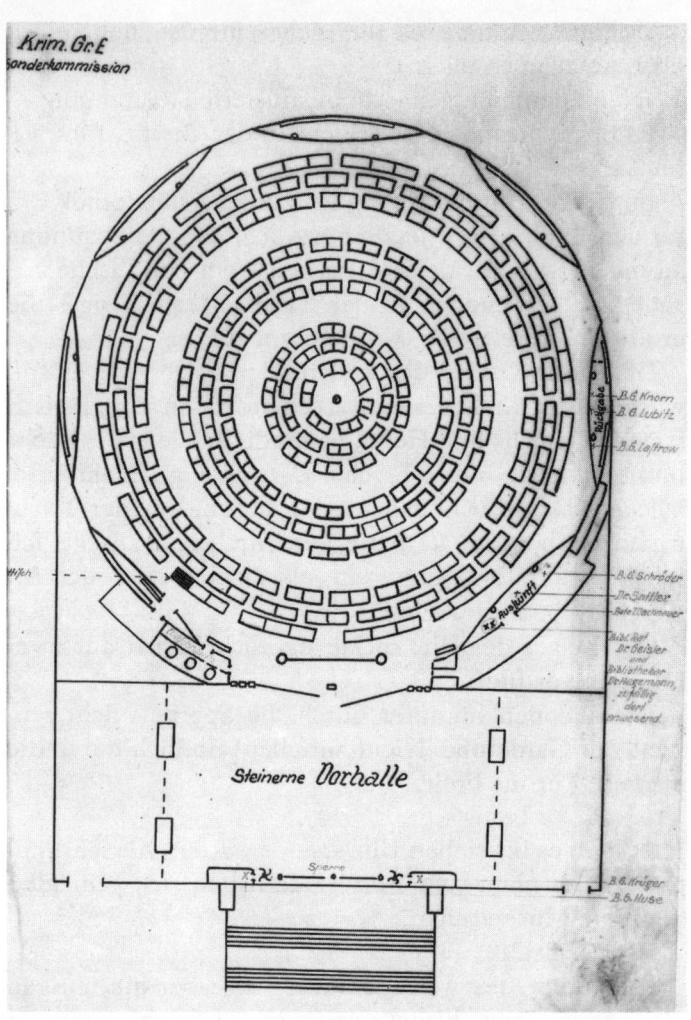

Skizze der Sonderuntersuchungskommission vom Standort des Flugzettelböllers im Kuppellesesaal

scheidenden Moment hat sie es nicht fertigbekommen, die Sicherheitsschnur zu ziehen.«

Wir konnten uns deutlich vorstellen, wie das vor sich gegangen war: Da hatte das arme Mädchen neben dem tickenden Apparat auf der Bank gesessen, gezögert, und war schließlich kurz vor fünf voller Angst weggelaufen.

»Tja«, sagte Emil, »es gibt eben auch Pannen, da ist nichts zu machen. Nicht alles klappt nach Plan, nicht jeder bewährt sich gleich.«

Über die Panne vom Bahnhof Alexanderplatz schwieg er sich aus. Es ging nicht an, danach zu fragen. Hatte der Kurier einen Schwächeanfall erlitten? Emil kann es uns nicht mehr sagen.

Herbert und seine Gruppe waren ausgelassen und fröhlich. Nur Steinchen hielt sich bescheiden zurück, dafür rühmten ihn die anderen um so lauter:

»Fein hat er das gemacht, kaltblütig wie ein Fisch. Kaum war er unten, da ging es los.«

»Und die Leute! Tausende blieben stehen und sperrten den Mund auf.«

»Übertreibt man nicht, Jungs! Von wegen Tausende. Wo habt ihr denn das Ding im Kaufhaus Karstadt untergebracht?«

»Wieso *im*? Vom Dachgarten haben wir die Blätter fliegen lassen!«

»Ihr seid wohl nicht ganz bei Trost!« Ich war fassungslos. »Die Böller sind doch nicht auf Außenwirkung berechnet!«

»Hat doch hingehaun! Und eine Streubreite – die waren nicht wieder einzusammeln, und wenn die ganze Neuköllner Polizei zur Stelle gewesen wäre. Alles griff nach den Zetteln!«

Für die Mädchen und Jungen eine »Oktoberfeier« wie noch nie.

*

In der Uni-Vorhalle war vormittags auch während der Vorlesungen Betrieb. Lärmend kamen Gruppen von Studenten die Treppen herunter, Kollegmappen unter dem Arm, unterhielten sich über Fußball, Theater und Klausuren. Vor den Vorlesungsverzeichnissen, die an der Wand hingen, standen immer einige, die sich etwas notierten.

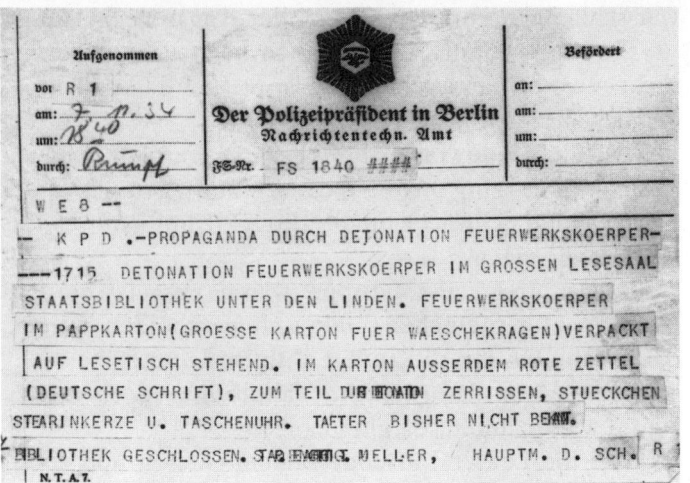

Telegramm an den Polizeipräsidenten über die Aktion
in der Staatsbibliothek

Was war denn hier Besonderes los, daß ich unbedingt herkommen sollte? Willis Kurier hatte etwas von einem Plakat gesagt, das ich mir ansehen sollte.

Mitten in der Halle, das war es wohl: Da stand ein hohes Schild, davor eine Anzahl Studenten. Alles drängte sich und reckte die Köpfe. Es dauerte eine Weile, bis ich näher kommen und die Überschrift lesen konnte: »Dreihundert Mark Belohnung«. Darunter die Abbildung des »Buches«, in natürlicher Größe, von vorn, von links und von rechts fotografiert. »Wer den Hersteller des oben abgebildeten Sprengkörpers angeben kann, erhält vom Polizeipräsidium ...« Unterschrift: Der Polizeipräsident.

Erregte Gesichter starrten auf das Plakat. Manche lasen den Text mehrmals, als ob sie ihn auswendig lernen wollten. Einer pfiff leise durch die Zähne, ein anderer stieß seinen Nebenmann in die Rippen und blinzelte ihm vielsagend zu, vergaß aber anschließend nicht, prüfend um sich zu blicken. Lautes Getrappel ertönte, Vorlesungspause, die Studenten strömten in die Halle. Kräftiges Drängeln von hinten, der Plakatständer kam ins

```
Abschrift.

Funkauszug.

Strassburg        Welle 349 m    v. 1o.u.11.34  21⁰⁰ h.

1o.11.34

(131-133 /XI.) (Stark gestört)

1.) In der Berliner Staatsbibliothek sind heute nachmit-
tag zwei Bomben explodiert, im Lesesaal und im Vorraum.
Sie waren aber nicht scharf geladen, sondern mit kommu-
nistischen Flugschriften gefüllt, so dass nach der Ex-
plosion ein Regen von Flugschriften über die Anwesenden
niederging. Eine ungeheure Panik entstand. Die Polizei
besetzte sofort alle Ausgänge des Gebäudes. Es ist bis-
her nicht gelungen, die Urheber dieses Attentats festzu-
nehmen. Sämtlichen Augenzeugen wurde von der Polizei
strengstes Stillschweigen anempfohlen.
```

Aufzeichnung der Nachricht des Senders Straßburg
von der Flugblattaktion in der Staatsbibliothek

Wackeln. So leise und vorsichtig eben noch die kleine
Ansammlung gewesen war, so laut und übermütig rea-
gierte jetzt die angestaute Menge:
»Wieder eine Bombe!«
»Was heißt eine? Hab gehört, diesmal waren es zehn
Stück.«

»Lest mal vor da vorn!«

»Am achten November wurde von Kommunisten ein Sprengkörper in Form des hier abgebildeten Buches in der Vorhalle der Universität niedergelegt ...«

»Was? Hier im Foyer?«

So machte der Gegner mit den nichtverbreiteten Flugzetteln für uns noch Propaganda, wenn er sich auch im Datum geirrt hatte.

*

Willi war beim nächsten Treff höchst angeregt.

»Na, hast du dir das angesehen? Solche Plakate haben sie in allen Berliner Hochschulen ausgehängt. Wer von den Studenten bisher nichts von unserer Demonstration wußte, erfährt es jetzt auf jeden Fall. Da haben sie die Sache so richtig breitgetreten.«

»Anscheinend denken die Nazis, sie können sich auf die Masse der Studenten stützen.«

»Alle Berichte besagen aber eindeutig: Der Kopflohn schafft uns bloß zusätzliche Sympathien.«

»Stimmt, keiner von den Leuten vor dem Aushang sah so aus, als sei er scharf auf die lumpigen dreihundert Mark.«

»Das sag nicht: Immerhin lebt ein Durchschnittsstudent wie du seine zwei bis drei Monate davon. Aber die Stimmung ist so, daß einer, der uns verpfeifen wollte, sich die Verachtung vieler dafür einhandeln würde.«

Eine später in die Hände der Kriminalpolizei gelangte Flugschrift spricht Denunzianten und ihresgleichen indirekt das Urteil: »Wir begrüßen die Aktivität jeder anderen revolutionären Studentengruppe. So begrüßen wir das Organ der kommunistischen Gruppe ›Der Rote Student‹ und ihre Zettelbomben vom vorigen Semester. Die RM 300.– Denunziantengelder haben gute Propaganda gemacht, und wir hoffen, daß kein Student ein solcher Lump gewesen ist, deswegen zum Denunzianten zu werden ...«

Ein Beispiel der Solidarität im antifaschistischen Widerstand.

9
Abschied von Emil

Wir hatten folgenden Plan: Um auf den Mord an unserem Genossen Hans Otto hinzuweisen, wollten wir im Schauspielhaus eine Flugblattaktion starten. Als Text war vorgesehen:

»Vor einem Jahr wurde der Schauspieler dieses Hauses
Hans Otto
von den braunen Henkern viehisch ermordet.
Die kommende antifaschistische Regierung
bringt diese ruchlose Mordtat, wie viele andere,
vor Gericht!«

Die Arbeiterbewegung hat viele Helden hervorgebracht, Vorbilder für kommende Generationen. Einer von ihnen war Hans Otto. Wir schwärmten für ihn, den Künstler und Genossen. Als glänzender Schauspieler schon früh an die große Berliner Bühne berufen, wurde er in kurzer Zeit ungewöhnlich populär. Zum Star wurde er aber nicht, er blieb ein bescheidener Kollege. Als die Nazis zur Macht kamen, stand er als Illegaler in vorderster Front.

Ruth kannte ihn von dieser Arbeit her. In jenem schrecklichen Frühjahr 1933 hatte er sie zur Arbeit herangezogen. Er war in der Illegalität einige Monate ihr »Chef« gewesen. »Frisch und munter, wie gerade vom Rad gesprungen«, sagte Ruth, hielt er sie im Arm, scheinbar ein weltentrückter Liebhaber, und instruierte sie eingehend. Aufträge gab es, die ihr anfangs recht merkwürdig vorkamen: nachprüfen, ob dieser oder jener noch seine alte Adresse hatte, ob der Kriminalbeamte X verreist war und ob der Sanitätsrat Y etwas über die Verhaftung eines Patienten wußte. Hans Otto erklärte ihr, wie wichtig solche Einzelheiten sein konnten, oft hing ein Menschenleben davon ab.

Unerwartet hatten ihn die Faschisten am 14. November 1933 gefaßt, in eine SA-Kaserne verschleppt und unmenschlich mißhandelt. Einer, der das Glück hatte, der Hölle zu entkommen, berichtete später voller Entsetzen: Man hatte ihn in der Kaserne dem Gefolterten gegenübergestellt. Genosse Otto war fürchterlich zugerichtet, kaum wiederzuerkennen. Faustschläge und Fußtritte trafen den Gemarterten, der sich kaum auf den Beinen halten konnte, aber mit keinem Wort, keiner Bewegung gab er den Henkern zu erkennen, daß der andere sein Mitarbeiter war. Hans Otto blieb nur noch wenige Tage am Leben. Es hieß, die Nazibanditen hätten ihn schließlich aus dem Fenster gestürzt, vom dritten Stock der Mordkaserne aufs Straßenpflaster.

»Hans war der beste von allen«, sagte jeder, der ihn kannte. Ohne Diskussion kamen wir überein: Die Aktion im Schauspielhaus wurde zum Hauptprojekt. Das Unternehmen war unter den gegebenen Umständen allerdings äußerst kompliziert.

*

Wir trafen uns im engsten Kreis. Willi hatte eine Flasche säuerlichen Wein mitgebracht, er hieß »Rio Pinto« oder »Porto Rico«. Wir nannten ihn der Einfachheit halber »Roto Tinto«, und im wesentlichen traf das wohl auch zu.

Beate vermutete, daß auch nach Willi gefahndet werde. Sie sei nach einem Bekannten gefragt worden, mit dem man sie gesehen hatte. Ob das ein Litauer sei.

»Dicke Luft«, meinte Willi, »man darf uns nicht mehr zusammen sehen!«

»Vielleicht werde ich beschattet«, meine Beate.

»Du mußt schnellstens verschwinden«, sagte Willi, »am besten legal. Wo kannst du hin?«

»Meine Schwester lebt im Ausland. Hier kann ich doch nicht weiter studieren. Also warte ich noch ein bißchen, damit es nicht nach Flucht aussieht, und reise dann ab.«

»Richtig«, meinte Willi. »Hier wirst du zur Gefahrenquelle.«

»Und der Plan mit dem Schauspielhaus?«

Willi wiegte den Kopf. »Das will alles sehr genau bedacht sein. Sie sind uns wirklich verdammt auf den Fersen. Ein Fehler von uns ...«

»Du bist am meisten gefährdet!« sagte Beate.

Wir hatten alle das unbestimmte Gefühl, wir müßten uns besonders beeilen, schneller fertig werden. Wer wußte, was der nächste Tag bringen würde?

Im Einverständnis mit Willi und Emil tat Beate in dieser Situation das Notwendige: Sie reiste ab, und zwar legal.

Die Gestapo schlug zu: Willi wurde verhaftet, wie wir heute wissen, am 11. März 1935 bei einem Treff mit seinem Jugendfreund, dem Elektromechaniker Martin Strauß, in der Kantstraße.

Wir dachten unaufhörlich daran, es verfolgte uns bis in den Schlaf: Willi in der Gewalt der Henkersknechte!

Uns allen kam jetzt erst voll zum Bewußtsein, was wir an ihm hatten, dem umsichtig lenkenden, dem fröhlichen Kameraden, der auf jede Frage eine Antwort hatte und in jeder Lage einen Ausweg wußte. Wir hatten viel von ihm gelernt oder bemühten uns doch darum: immer alles gründlich zu analysieren, jede Einzelheit im großen Rahmen zu betrachten und selbständig zu handeln, ohne immer auf »Anweisung von oben« zu warten.

Wenig später allerdings kam eine solche »Anweisung von oben« – beziehungsweise aus dem Gefängnis – zu meiner Rettung, eine Anweisung von Willi.

Er kannte viele verantwortliche Mitarbeiter und viele

Verbindungen. Aber daß die Faschisten etwas aus ihm herauspressen würden – auf den Gedanken kam keiner. Von Willis Unerschütterlichkeit war jeder überzeugt. Nach dem Krieg erfuhren wir aus Willis schlichter Darstellung, wie auch der Wehrlose gekämpft hat ums nackte Überleben, unter Schlägen und Schikanen, auf Todeskommando im Steinbruch ...

*

Glitschiger Matsch lag auf der Straße, als ich zum Treff mit Emil ging. Ich stapfte die leere Straße entlang, fröstelte und zog die Schultern hoch. Die Lage war so undurchsichtig wie der scheußliche Nebel, irgend etwas lag in der Luft.

Unvermittelt tauchte Emil aus dem Dunst auf, Kragen hochgeschlagen, beide Hände tief in den Manteltaschen vergraben. Er schaute geradeaus und sagte: »Du mußt weg, Horst. Noch heute nacht.«

»Unmöglich! Was wird aus unserem ›Auftritt‹ im Schauspielhaus ...«

»Nichts zu machen, alter Junge. Ein Soldat muß auch verstehen, sich mal zurückzuziehen. Sie sind dir schon fast auf den Hacken.«

»Die paar Tage – es ist doch schon alles so gut wie fertig.«

»Also nun hör mal gut zu: Was ich dir sage, ist eine Anweisung der Partei, kapiert?«

Emil öffnete noch einmal den Mund, schloß ihn aber gleich wieder. Er sagte nicht, daß es kein anderer als Willi war, der diese Weisung gegeben hatte: Aus dem Gestapogefängnis war ein Kassiber von ihm gekommen, unter tausend Gefahren abgefaßt und weitergeleitet: »Englischübersetzer hier dringend gesucht! Sofort abschicken!«

Von dieser Freundestat sollte ich erst viele Jahre später erfahren. Emil verlor kein Wort darüber. Die bewährte Regel der Illegalität verlangte, keinen Genossen unnötig mit Informationen zu belasten.

»Ist da wirklich nichts zu machen?«

»Gar nichts, mein Lieber. Du weißt, es geht nicht nur um dich.«

»Und was wird mit unserem neuen Behälter?«

»Vernichten. Und alles, was die Nazis interessieren könnte.«

Alles aufgeben, sofort, die Arbeit, die Freunde und mein Berlin! Mir wurde klar, daß es tatsächlich ernst war.

»Du darfst hier nicht noch einmal übernachten. Und nimm nur das Allernotwendigste mit. Geh als Tourist, wenn möglich mit Rucksack, keinen Koffer, die übrigen Klamotten laß einfach sausen. Keine Kontakte mit den Genossen! Ich werde ihnen schon Grüße von dir ausrichten. Kurz vor ein Uhr nachts fährt dein Zug nach Dresden. Von Dresden fährst du morgen früh mit dem ersten Autobus an die tschechische Grenze, nach Hermsdorf. Merk dir: Hermsdorf. Dort wirst du an der Haltestelle von einem Genossen erwartet, den du kennst. Natürlich darfst du ihn nicht begrüßen, geh ihm unauffällig nach. Er bringt dich auf die andere Seite. In Prag triffst du dann Beate und andere.«

Emil lächelte plötzlich wieder. »Freu dich, da kannst du mal eine Weile ausspannen.«

»Und du?«

»Wieso ich? Mir passiert nichts«, sagte Emil. »Hab ich die Böller gemacht oder du? Eines Tages treffen wir uns vielleicht in Prag oder in Moskau. Oder im roten Berlin. Aber jetzt hau ab, Horst. Bis eins hast du noch 'ne Menge zu tun.«

Ein scheußliches Gefühl würgte mich in der Kehle. Würde ich Emil je wiedersehen?

»Mach's gut, Emil, altes Haus!«

»Mach's gut, Kürbis, alter Junge!«

Er blinzelte aufmunternd, drückte mir die Hand und ging.

Emil hatte noch viel vor sich. Manches hatte er schon

organisiert, manches würde er noch auf den Weg bringen: Aktionen, Einrichtung von Druckereien, Verbindungen aller Art – antifaschistischen Widerstand auf jede erdenkliche Weise. Er wußte, daß ihn jeder Schritt ins Verhängnis führen konnte. Aber auch wenn er hätte voraussehen können, wohin sein Weg führte, daß an dessen Ende im Zuchthaus Brandenburg das Fallbeil auf ihn wartete – er hätte die Zähne zusammengebissen und wäre weitergegangen.

Noch einmal drehte sich Emil um und hob winkend die Hand, dann verschwand er im Nebel von Berlin.

Nachwort

Horst Taleikis, von 1932 bis 1934 Student der Rechtswissenschaft an der Berliner Universität, schildert in seinem Erlebnisbericht eine der besonders aufsehenerregenden Aktionen einer Gruppe von Studenten der Universität. Sie gehörten zu den »Roten Studenten«, die in der Geschichte des antifaschistischen Widerstandskampfes Berlins einen ehrenvollen Platz einnehmen. Der Autor, Initiator der Aktion, die er und viele seiner Kampfgefährten im vollen Bewußtsein der damit verbundenen Gefahren mutig und diszipliniert zum Erfolg führten, würdigt damit das Wirken unerschrockener junger Menschen, die sich unter teilweise schwierigen Bedingungen der in Deutschland heraufziehenden Gefahr des Faschismus entgegenstellten und nach der Errichtung der faschistischen Diktatur im Januar 1933 unter neuen, um ein vielfaches gefährlicheren Bedingungen den Kampf um die Überwindung des Naziregimes aufgenommen hatten.

Aus ganz persönlicher Sicht auf Ereignisse des Jahres 1934 erhält der Leser Einblick in einen wichtigen Abschnitt des Kampfes der Roten Studenten. Der Autor läßt ihn teilhaben an der Suche nach Formen des Kampfes, die den Bedingungen der Illegalität angepaßt sind, er läßt ihn miterleben, wie das Streben, große Wirkung mit möglichst geringer persönlicher Gefährdung der Handelnden zu verbinden, zu der Idee der Flugzettelböller führte, und wie diese Idee des damaligen Studenten Horst Taleikis durch die enge Zusammenarbeit mit Genossen der KPD und des Kommunistischen Jugendverbandes Deutschlands (KJVD) in die Tat umgesetzt wurde. Der Bericht vermittelt uns ein lebendiges Bild von den Umständen jener Zeit, unter denen die Roten Studenten wirkten, zeigt sie nicht als lebensfremde, über den Dingen des Alltags stehende »Helden«, sondern als normale junge Menschen ihrer Zeit, mit aller Unbekümmertheit, die diesem Lebensalter eigen ist.

Der Leser, solcherart von Horst Taleikis mit Akteuren und Aktionen eines kleinen Ausschnitts des antifaschistischen Widerstandskampfes Berliner Studenten bekannt gemacht, wird die Frage stellen, in welchen Traditionen die hier handelnden jungen Menschen standen, woher sie angesichts der übermächtig erscheinenden Gewalt des Terrorregimes Zuversicht und Optimismus nahmen, woraus sie den Glauben an den Sinn des Sich-Auflehnens, an den Erfolg ihres Anteils und des Kampfes insgesamt schöpften, wo die Wurzeln ihrer Opferbereitschaft, wo die Quellen ihrer Überzeugung lagen, daß das faschistische Regime zu überwinden ist.

Der Versuch, eine Antwort auf diese und andere Fragen zu finden, führt unmittelbar zum Wirken kommunistischer und anderer fortschrittlicher Studenten an der Berliner Universität, die sich bereits kurz nach Beendigung des ersten Weltkrieges hier zusammenfanden. Sie hatten sich von den zu dieser Zeit herrschenden Traditionen reaktionärer Studentenvereinigungen der unterschiedlichsten Art abgewandt. Sie, vorwiegend Kinder von Angehörigen der Mittelschichten sowie der Arbeiterklasse, waren bereit, aus der imperialistischen Politik und deren Fiasko im Weltkrieg grundlegende Lehren zu ziehen. Sie verschlossen sich nicht – und dies nicht zuletzt auf Grund der eigenen bitteren Erfahrungen, die sie hatten machen müssen – der Einsicht, daß nur eine radikale Wende in der Politik, die auf der Umgestaltung der sozialökonomischen Grundlagen der Gesellschaft beruhen mußte, dem deutschen Volk eine sichere, bessere Zukunft eröffnen konnte. Das Beispiel der Großen Sozialistischen Oktoberrevolution, die Erfahrungen der Klassenkämpfe der Novemberrevolution in Deutschland, in deren Folge sich das deutsche Proletariat eine marxistisch-leninistische Kampfpartei schuf, die scharfen politischen Konfrontationen der revolutionären Krise nach der Oktoberrevolution – all dies war für die zunächst sehr geringe Zahl kommunistischer Studenten und ihrer politischen Freunde an der Berliner Universität Ausgangspunkt ihres politischen Wirkens.

Auf Beschluß der Kommunistischen Jugendinternationale (KJI) entstand 1922 auch in Deutschland eine kommunistische Studentenfraktion (Kostufra). Auf der Grundlage der politischen Orientierungen der KPD entfaltete sie eine gezielte propagandistische Arbeit zur Verbreitung des Marxismus-Leninismus unter den Studenten. Sie verteidigte konsequent wirtschaftliche und soziale Forderungen vor allem der minderbemittelten Studenten aus Kreisen der Arbeiterschaft und des Kleinbürgertums. Durch das Wirken der kommunistischen Studentenfraktion sollte das Bündnis zwischen der Arbeiterklasse und der Intelligenz im Ringen um eine progressive Universität, im Kampf gegen die kapitalistische Ausbeutergesellschaft und ihr Bildungsmonopol gefestigt werden. Mit den Reichskonferenzen der kommunistischen Studentengruppen im November 1925 und zu Pfingsten 1927 vollzog sich die Sammlung und Formierung der revolutionären Studentenbewegung, die das Zentralkomitee der KPD mit seinen Richtlinien für die Arbeit in diesen Gruppen unterstützte. Nach dem VI. Weltkongreß der Kommunistischen Internationale 1928, der sich auch mit der Einheits- und Bündnispolitik der kommunistischen Parteien befaßte, war die von der KPD initiierte Gründung Roter Studentengruppen als überparteilicher Organisationsform des gemeinsamen antifaschistischen Kampfes für die Verbreitung der

Massenbasis von großer Tragweite. In ihnen wirkten auch an der Berliner Universität kommunistische und parteilose Studenten in dem sich verschärfenden Kampf gegen den Faschismus eng zusammen.

Um eine noch stärkere Wirkung der revolutionären Studentenbewegung zu erzielen, rief die Gruppe der Roten Studenten der Berliner Universität zusammen mit dem Roten Studentenklub an der Technischen Hochschule Berlin im Juni 1929 die bestehenden Roten Studentengruppen der deutschen Universitäten und Hochschulen sowie die auf dem Boden des revolutionären Sozialismus stehenden Studentengruppen auf, sich zum gemeinsamen Kampf in einer einheitlichen Reichsorganisation zusammenzuschließen.

Vom 2. bis 9. August 1929 kamen die Vertreter der revolutionären Studentengruppen Deutschlands in Prebelow zusammen, um den Grundstein für eine Reichsorganisation der Roten Studenten zu legen. Mit der Gründung des Reichsverbandes freisozialistischer Studentengruppen Deutschlands als einer zentralen antifaschistischen Massenorganisation waren wesentliche Voraussetzungen für einen Aufschwung der revolutionären Studentenbewegung geschaffen.

Der neue Verband bestand unmittelbar nach seiner Gründung die erste große Bewährungsprobe seines öffentlichen Wirkens. Seine Mitglieder nahmen die infolge der Weltwirtschaftskrise 1929 eintretende rapide Verschlechterung der wirtschaftlichen und sozialen Lage eines großen Teiles der Studentenschaft zum Anlaß, um den Klassencharakter der Politik der bürgerlichen Regierung zu entlarven und die Ursachen für die Situation, in der sich viele Studenten befanden, zu erläutern. Sie setzten sich für das Recht der Jugendlichen aus minderbemittelten Schichten auf ein Hochschulstudium ein, nahmen den Kampf gegen die weitere Einschränkung der Studienmöglichkeiten von Kindern weniger Begüterter auf und entwickelten zugleich Kampfformen, die geeignet waren, die hinter dem Tagesgeschehen wirkenden Ursachen und Prozesse bewußtzumachen. So profilierten sich die in den Gruppen der Roten Studenten organisierten Kommunisten und fortschrittlichen Parteilosen zu anerkannten Vorkämpfern für Demokratie und soziale Gerechtigkeit.

Die Zuspitzung des Klassenkampfes in Deutschland Anfang der dreißiger Jahre prägte immer mehr die Situation auch innerhalb der Berliner Universität. Der »Prozeß der galoppierenden Faschisierung von 1930 bis 1932«, wie Wolfgang Ruge in seiner Arbeit »Weimar – Republik auf Zeit«, Grundtendenzen der Entwicklung dieses Zeitabschnittes treffend charakterisierte, fand seine Widerspiegelung in dem immer dreister werdenden Auftreten der Mitglieder des 1926 gegründeten NSDStB an der Universität. Verstärkt wandten sie in den Auseinandersetzungen offen physischen Terror an, dem gegenüber sich die Leitung der Universität meist hilflos, zum Teil aber auch unverhohlen förderlich zeigte.

Für die Roten Studenten bedeutete dies, dem Terror der Nazistudenten entschieden entgegenzutreten, ihre Reihen weiter zu festigen, ihre Massenbasis nach Möglichkeit zu stärken. Sie mußten die Provokationen abwehren, standhaft ihre Position verteidigen und zugleich unter den neuen Bedingungen die politische Agitation und die ideologische Schulungsarbeit wirksamer gestalten. Die Jahre 1931 und 1932 waren zunehmend durch die unmittelbare Konfrontation der Roten Studenten und der Nazis gekennzeichnet. Immer wieder waren entschiedene Kampfaktionen notwendig, damit die demokratischen Rechte wahrgenommen und die ungerechtfertigten Repressalien seitens der Universitätsbehörden abgewehrt werden konnten.

Zu dieser Zeit wurde der Kampf der revolutionären Studenten gegen die heraufziehende faschistische Gefahr immer differenzierter. Dabei ist es hoch anzuerkennen, daß sie die ideologische Auseinandersetzung nicht vernachlässigten. Die regelmäßige marxistisch-leninistische Schulung und Propaganda sowie die Propagierung der Erfolge des sozialistischen Aufbaus in der Sowjetunion waren stets wichtiger Bestandteil ihrer Arbeit.

Eine hervorragende Rolle in der letztgenannten Richtung spielte die Akademische Vereinigung zum Studium sowjetrussischer Probleme (AKVER). Sie wurde von der Kommunistischen Studentenfraktion – unter maßgeblicher Beteiligung des Studenten der Geschichte Ernst Engelberg – 1930 ins Leben gerufen und nahm ihre Arbeit in vollem Umfang im Mai 1931 auf. Damit war eine weitere überparteiliche Organisation geschaffen worden, die die Möglichkeit bot, vor allem auch bürgerliche, mit den revolutionären Studenten sympathisierende Studenten an die Idee des antifaschistischen Kampfes heranzuführen.

Die Herausgabe von Flugblättern und -schriften sowie eigener Zeitschriften (»Der Rote Student« und »Die Rote Front«) spielten in der Agitations- und Propagandaarbeit der revolutionären Studenten eine bedeutende Rolle. Das thematische Spektrum der Flugblätter und -schriften entsprach der Breite des politischen Kampfes, dem sich die Roten Studenten stellten. Sie forderten ihre Kommilitonen auf, bei der Reichspräsidentenwahl im März 1932 dem von der KPD aufgestellten Kandidaten Ernst Thälmann ihre Stimme zu geben, und entlarvten die wahren politischen Bestrebungen des Kandidaten der Nazis, Adolf Hitler. Die von der KPD ausgesprochene weitsichtige Warnung »Wer Hindenburg wählt, wählt Hitler, wer Hitler wählt, wählt den Krieg!« wurde zur Losung der revolutionären Studenten in ihren Aufrufen und Flugblättern; mit ihnen wandten sie sich auch gegen alle Vorbereitungen eines Interventionskrieges gegen die Sowjetunion, stellten sie die Notverordnungsdiktatur der Brüning-Regierung bloß, schlossen sie sich dem entschiedenen Kampf der KPD gegen die Papen-Regierung an.

Wie in den anderen, vorhergehenden Auseinandersetzungen mit der faschistischen Bewegung bewährten sich auch in der zugespitzten Kampfsituation 1931/32 die Roten Studentengruppen als überparteiliche Organisationsform des gemeinsamen antifaschistischen Kampfes. In ihnen manifestierte sich der von der KPD unbeirrt vertretene Gedanke einer antifaschistischen Einheitsfront. An der Berliner Universität hatte sich in der Tat eine weitreichende Kampfgemeinschaft von Kommunisten, Parteilosen und Sozialdemokraten in der Abwehr des sich verstärkenden faschistischen Terrors herausgebildet. Andernorts hatten die Erfahrungen des Kampfes nicht diese Konsequenz. Der Aufruf des Zentralkomitees der KPD vom 25. Mai 1932 zur Bildung der Antifaschistischen Aktion fiel so an der Berliner Universität auf einen gut vorbereiteten Boden. In der praktischen politischen Arbeit kam es zu einer partiellen Annäherung bei der Abwehr der faschistischen Kräfte, wenn auch Gespräche zwischen den Vertretern der Roten Studenten und des Sozialdemokratischen Studentenbundes letztendlich nicht zu einem festen Einheitsfrontabkommen oder gar gemeinsamen politischen Zielstellungen führten.

Mit der Ernennung Adolf Hitlers zum Reichskanzler am 30. Januar 1933 war in Deutschland der Faschismus an der Macht, »die offene terroristische Diktatur der reaktionärsten, am meisten chauvinistischen, am meisten imperialistischen Elemente des Finanzkapitals« (G. Dimitroff) errichtet. Mit diesem Tag begann für Deutschland das dunkelste Kapitel seiner Geschichte. Die faschistische Führung ging unverzüglich daran, alle Voraussetzungen zu schaffen, um die von ihr im Interese des Monopolkapitals proklamierten Ziele möglichst schnell, gründlich und ungestört erreichen zu können. Eine dieser Voraussetzungen sahen die neuen Machthaber darin, möglichen Widerstand gegen ihre Politik radikal zu unterbinden, dessen Quellen so gründlich wie möglich zu beseitigen. Die an die Macht gebrachten Faschisten setzten alles daran, die ihnen übertragene Herrschaft schnellstmöglich zu festigen. Die »Gleichschaltung« des Reiches und die sofort einsetzende Verfolgung der Gegner waren sich ergänzende Grundlinien der Politik in der Anfangsphase der Etablierung der faschistischen Diktatur. Der bereits vor 1933 umfangreich praktizierte Terror nahm nun, staatlich sanktioniert, brutalste Formen an. Mit der »Gleichschaltung« Berlins und des Reiches ging die der einzelnen Institutionen, so auch der Universitäten und Hochschulen, einher. In ihren Bemühungen, den Faschismus an der Berliner Universität zu etablieren, wandten die Nazis übelste Demagogie und geistigen Terror an, der in der Bücherverbrennung am 10. Mai 1933 gipfelte.

Der am 1. April 1933 von den Nazis inszenierte Boykott gegen jüdische Bürger-Geschäftsinhaber, Ärzte und Rechtsanwälte – wurde an der Berliner Universität zur offenen Demonstration der Gewaltherrschaft der Faschisten und zur weiteren Einschüchterung liberaler Hochschullehrer genutzt. Dem diente in besonderem Maße das am 7. April 1933 erlassene »Gesetz zur Wiederherstellung des Berufsbeamtentums«. Das Gesetz zur Neuformierung des Lehrkörpers bot die juristische Handhabe, vor allem jüdische wie auch »politisch unzuverlässige Beamte« zu entlassen. Allein an der Berliner Universität waren nach einem Bericht der Universität vom 1. April 1935 seit Errichtung der faschistischen Diktatur 234 Professoren und Dozenten davon betroffen. Der »Reinigung« der Studentenschaft diente das am 25. April 1933 erlassene »Gesetz gegen die Überfüllung deutscher Schulen und Hochschulen«. Mit der Festlegung, daß bei der Immatrikulation ein Anteil von 1,5 Prozent »nichtarischer« Studenten nicht überschritten werden dürfe, wurde die juristische Grundlage für die Entfernung vieler jüdischer Studenten geschaffen. Zum anderen wurden durch entsprechende Ministerialerlasse im Juni und August 1933 die Studenten vom Studium ausgeschlossen, die sich »im kommunistischen und marxistischen Sinne« betätigt hatten.

Durch die schnell erfolgende »Gleichschaltung« der Berliner Universität entstand für die aktiv am antifaschistischen Widerstandskampf beteiligten Studenten eine außerordentlich komplizierte Lage. Nachdem das ursprüngliche Kampfziel, die Errichtung der faschistischen Diktatur zu verhindern, nicht erreicht worden war, mußten neue strategische Ziele erarbeitet werden. Zugleich konnten in der Illegalität die bisherigen Formen des antifaschistischen Kampfes, der Organisation nicht beibehalten werden. Die Zahl der am Kampf Beteiligten reduzierte sich drastisch durch Relegierungen, vornehmlich jüdischer Studenten, von denen sich nicht wenige aktiv in den Reihen der Roten Studenten betätigt hatten, sowie durch erste erzwungene Emigrationen. Verbindungen zu übergeordneten Leitungen rissen ab, Informationen über die Situation und die strategische Orientierung der KPD flossen zeitweilig nur sporadisch, das Zusammenwirken verschiedener Gruppierungen war in höchstem Maße erschwert, wenn nicht sogar unter den Bedingungen der Konspiration zu vermeiden. Diese Lage war mit der vorhergehenden in keiner Hinsicht mehr vergleichbar, und sie stellte an die politische Reife, an die Reaktionsfähigkeit, die Festigkeit des Willens zum antifaschistischen Widerstand, das Talent zur Organisierung des Kampfes unter illegalen Bedingungen höchste Anforderungen.

Unmittelbar nach der Errichtung der faschistischen Diktatur, noch halblegal, war es an der Berliner Universität nochmals zu einheitlichen antifaschistischen Aktionen gekommen. Unter aktiver Mitwirkung von kommunistischen und Roten Studenten hatte die Sozialistische Studentenschaft eine Gedenkveranstaltung anläßlich des 50. Todestages von Karl Marx organisiert. Auf dem Werbeflugblatt, das zum 23. Februar 1933 in den Hörsaal 33 der Universität einlud, hieß es unter anderem: »In den Jahren 1836 bis 1840 studierte Karl Marx an der Berliner Universität. Sein Name und Werk ist heute Programm für Millionen Menschen in allen Erdteilen. Die akademische Jugend hat sich gerade heute mit seinem Gedankengut auseinanderzusetzen.« Die Faschisten betrachteten diese Karl-Marx-Feier als eine »bewußte Provokation der national gesinnten Dozentenschaft und Studentenschaft« und reagierten mit massiven Störmanövern. Während des Vortrages von Paul Hermberg, Mitglied der SPD und Professor für Nationalökonomie an der Universität Jena, über »Karl Marx und unsere Zeit« warfen sie Feuerwerkskörper durch die Fensterscheiben. Trotz der Provokationen konnte die Veranstaltung zu Ende geführt werden. Damit legte ein Teil der revolutionären Studenten ein eindrucksvolles Bekenntnis zum gemeinsamen Kampf aller fortschrittlichen Kräfte gegen den Faschismus ab, wie es von Ernst Thälmann auf der Tagung des Zentralkomitees der KPD am 7. Februar 1933 im Sporthaus Ziegenhals gefordert worden war.

Ungeachtet des faktischen Verbots der KPD unmittelbar nach dem Reichstagsbrand sowie des einsetzenden zügellosen Terrors gegen die KPD und mit ihr Sympathisierende konnte vom 2. bis 4. März 1933 der bereits Ende Dezember 1932 einberufene Kongreß des Reichsverbandes freisozialistischer Studenten in Berlin illegal durchgeführt werden. Unter dem Leitgedanken der Antifaschistischen Aktion einberufen, waren aktuelle Fragen des antifaschistischen Kampfes sowie Aufgaben der Umstellung der Arbeit von der Legalität auf die Illegalität Gegenstand der Beratungen. Die etwa 75 Teilnehmer kamen von fast allen deutschen Universitäten und Hochschulen, außerdem nahmen je ein Vertreter aus Wien und Zürich teil. Die Beratung, die die von Ernst Thälmann gegebenen Hinweise für die eigene Arbeit auswertete, orientierte insbesondere auf den weiteren Kampf um die Einigung aller antifaschistischen und demokratisch gesinnten Kräfte an der Seite der Arbeiterklasse.

Der Widerstand an der Universität formierte sich. Das fand seinen ersten Ausdruck darin, daß sich antifaschistisch gesinnte und zum Kampf gegen die faschistische Diktatur bereite Studenten zu kleinen Gruppen zusammenschlossen, um sich über das weitere Vorgehen zu verständigen. Sie berieten gemeinsam die neue Situation und die sich daraus ergebenden Schlußfolgerungen und nahmen mit unterschiedlichen Aktivitäten den Kampf gegen die faschistische Diktatur auf. Die revolutionäre Studentenbewegung war wohl erheblich geschwächt, aber keineswegs gelähmt oder gar vernichtet. Die Entschlossenheit lebte fort, auch unter den neuen Bedingungen der Illegalität und unter ständiger Ausprägung konspirativer Verhaltensweisen den Kampf gegen die Diktatur des Faschismus wirkungsvoll weiterzuführen.

Im Sommer 1933 gelang es der illegalen Bezirksleitung Berlin-Brandenburg der KPD, mit dem Aufbau von Gruppen, die sich aus Roten Studenten zusammensetzten, in der Illegalität zu beginnen. Im September wurde eine neue Reichsleitung gebildet, der neben anderen Klaus Gysi, Student der Volkswirtschaft, angehörte. Die Genossen konzentrierten sich vor allem auf die Arbeit in Berlin. Hier sollten bestehende Gruppen zusammengeführt, neue Gruppen an der Universität gebildet, Flugblattaktionen durchgeführt und illegale Studentenzeitungen herausgegeben werden. Dabei kam es darauf an, die Formen des illegalen Kampfes dem sich festigenden Terrorregime weiter anzupassen. Politische Fragestellungen in den Seminaren und Übungen gewannen an Gewicht. Leiter der Roten Studenten der Berliner Universität und der anderen Berliner Hochschulen wurde der am 18. Juli 1933 von der Universität relegierte Jurastudent Gerhard Fuchs. Er war bereits seit dem Wintersemester 1932/33 für die Koordinierung der politischen Arbeit aller Berliner Hochschulen zuständig. Die unmittelbare Anleitung der Roten Studenten erfolgte durch die Bezirksleitung der KPD. Von hier wurden die Verbindungen zu den Roten Studenten durch Erich Lodemann, den ehemaligen Studenten an der Handelshochschule, gehalten. Über ihn bestand auch die Verbindung zum Zentralkomitee des KJVD. Besonders eng arbeitete er mit seinem Freund Herbert Ansbach zusammen, der bis zu seiner Verhaftung 1936 führend im Unterbezirk Berlin-Südost des KJVD tätig war.

Die Neuformierung der revolutionären Studenten in den folgenden Monaten war mit nicht geringen Schwierigkeiten verbunden. Sie litt besonders dadurch, daß wegen der einsetzenden Semesterferien gerade erst geknüpfte Verbindungen wieder unterbrochen wurden. Ungeachtet dessen wurde 1934 eine Aktivierung der antifaschistischen Studentenbewegung unübersehbar. Mit Hilfe der KPD hatten es Gerhard Fuchs und seine Mitkämpfer verstanden, Fortschritte in der Formierung der antifaschistischen Studenten in der Illegalität zu erzielen. Es war ihnen insbesondere gelungen, Verbindungen zu einem Teil der relegierten beziehungsweise auch zu jenen Studenten wieder herzustellen, die aus Sicherheitsgründen ihr Studium für einige Zeit unterbrochen hatten. Ein kompliziertes Problem für die Gruppen war die Neubestimmung der Ziele für ihren Kampf. Es gab zumindest in der Anfangsphase so gut wie keine Anleitung. Die Parteipresse stand ihnen nicht zur Verfügung. Diskussionen und Verständigungen im großen Kreis waren allein schon aus konspirativen Gründen nicht möglich. Alles in allem waren sie also im wesentlichen darauf angewiesen, das theoretische Rüstzeug, das sie sich in den Auseinandersetzungen um die Frage der bestmöglichen Strategie für die Verhinderung der faschistischen Diktatur angeeignet hatten, selbständig in der auf kleine Gruppen begrenzten Diskussion auf die neue Lage anzuwenden. Ansatzpunkte boten vor allem Kommentare und Einschätzungen zu tagespolitischen Ereignissen sowie Äußerungen zu Fragen des unmittelbaren studentischen Lebens.

Eine wesentliche Verbesserung der Lage trat mit der Wiederherstellung zeitweilig stabiler Verbindungen zur illegalen Leitung der KPD für Berlin-Brandenburg ein. Es kann dabei davon ausgegangen werden, daß die von Ernst Thälmann auf der ZK-Tagung in Ziegenhals entwickelte Linie unter vielen in den antifaschistischen Gruppen wirkenden Studenten Verbreitung fand. Dafür spricht die Tatsache, daß in allen an die Öffentlichkeit getragenen Äußerungen der noch entschiedenere Kampf um die Verwirklichung der Einheitsfronttaktik eine große Rolle spielte. Solche Bemühungen kamen zum Beispiel in einem von den Roten Studenten 1934 erarbeiteten »Material zur Frage des imperialistischen Krieges und der Aufgaben für die revolutionären Studenten« zum Ausdruck, in dem es unter anderem hieß: »Der Kampf der revolutionären Studenten an den Hochschulen ist nicht zu trennen von dem Kampf des deutschen Proletariats. Die Taktik des Proletariats in der gegenwärtigen Periode ist die Einheitsfronttaktik, d. h. die Sammlung aller ... Antifaschisten und Kriegsgegner unter der Führung der fortgeschrittensten Teile des Proletariats zum Kampf für ihre wirtschaftlichen, politischen und kulturellen Interessen, zum Sturz der faschistischen Diktatur und Errichtung der Rätemacht ... Die deutsche Bourgeoisie will aus der deutschen Studentenschaft ihre ideologische und militärische Elite zur Durchführung ihres imperialistischen Programms machen ... Hieraus ergeben sich die Hauptaufgaben: Kampf für die ökonomischen Interessen der minderbemittelten Studenten, Kampf gegen die politische und kulturelle Unterdrückung, Kampf gegen die nationalistischen und imperialistischen Illusionen der kleinbürgerlichen Studenten ... Zu den wesentlichen politischen Forderungen gehören folgende: Freies Studium für alle Arbeiter- und Bauernkinder, Diskussionsfreiheit in Seminaren, Übungen etc.,

Presse-, Versammlungs- und Koalitionsfreiheit, Aufhebung des Verbots revolutionärer Literatur, Auflösung der reaktionären und faschistischen Organisationen.« Hervorgehoben wurde die Notwendigkeit, Zellen in der Reichswehr, in den Ausbildungs- und Schulungslagern, in der SA und SS zu schaffen.

Die gleiche Position wird aus der Flugschrift »Der Sozialist«, Nr. 4, Sommersemester 1934, deutlich, die sich auch an die Mitglieder in faschistischen Organisationen wandte und sie aufrief, sich in eine breite Einheitsfront aller Werktätigen einzureihen. Dabei wird erkennbar, wie schwierig sich auch für die antifaschistische Studentenbewegung der Prozeß der Herausarbeitung jener strategisch-taktischen Positionen gestaltete, die den objektiven neuen Bedingungen entsprachen. In vollem Maße trifft die von Wilhelm Pieck auf der Brüsseler Parteikonferenz der KPD 1935 gegebene selbstkritische Wertung zu, daß es den deutschen Kommunisten schwergefallen sei, aus der Errichtung der faschistischen Diktatur gründlich genug Schlußfolgerungen für die notwendige Überarbeitung der taktischen Orientierung im gemeinsamen Kampf aller Antifaschisten gegen die Hitlerdiktatur zu ziehen. Die nach wie vor erhobenen Forderungen nach dem Sturz der faschistischen Diktatur bei gleichzeitiger Errichtung der Rätemacht wie überhaupt die in Flugblättern und anderen Äußerungen häufig wiederkehrende Losung von der »Rätemacht«, von »Rätedeutschland« und von der sozialistischen Revolution zeigten, wie fest verwurzelt überkommene Vorstellungen, wie ungenügend noch die Auseinandersetzung mit sektiererischen Positionen und den sich daraus ergebenden falschen Losungen waren, die sich als Hindernisse auf dem Wege zur Herstellung der Einheitsfront und breiter antifaschistischer Kampfbündnisse erwiesen.

Unter den Bedingungen der Illegalität, der dadurch entstandenen Zersplitterung und nicht immer gewährleisteten Anleitung war es nur natürlich, daß es hinsichtlich der politischen Zielstellungen und der Formen des antifaschistischen Widerstandskampfes Meinungsverschiedenheiten gab. Zum Beispiel vertraten einige Studenten die Auffassung, daß alle Energie der revolutionären Studenten auf die Schulung der Mitglieder zu konzentrieren sei, um jedes Risiko zu vermeiden. Andererseits waren manche Studenten der Meinung, daß, sollten nur Schulungen stattfinden, die Behauptungen der Nazis, die »Gleichschaltung« der Universität sei hundertprozentig und es gebe an der Universität überhaupt keine revolutionäre Opposition mehr, untermauert würden. Sie wollten mit der Herausgabe von illegalen Flugblättern und -schriften Zeichen des revolutionären Kampfes an der Universität setzen. Diese Linie wurde unter anderem von Wilhelm Girnus voll unterstützt. Ihm war es am 20. März 1934 gelungen, aus der KZ-Haft zu entkommen und den Kontakt zu den Genossen herzustellen. Seine großen politischen Erfahrungen brachte er in die Leitung der illegalen Arbeit der Roten Studenten ein. Er sprach sich dafür aus, neben der marxistisch-leninistischen Schulung auch die aktive Tätigkeit unter den Intellektuellen nicht zu vernachlässigen und die zahlenmäßige Schwäche der revolutionären Studenten durch entsprechende Aktionen auszugleichen.

Ungeachtet dessen gab es in der praktischen Arbeit keinen Zweifel daran, daß eine wichtige Voraussetzung für ein effektives Wirken nach außen die Beschäftigung mit theoretischen Grundfragen des antifaschistischen Kampfes und, soweit unter den komplizierten Bedingungen der Illegalität möglich, die Aneignung der von der KPD erarbeiteten Linie war. Wenn es daher zeitweilig auch unterschiedliche Positionen hinsichtlich der Schwerpunkte im illegalen Wirken gab, so spielte zu jeder Zeit die Schulungs- und Bildungsarbeit eine nicht geringe Rolle. Sie war eindeutig ein wichtiger Bestandteil der Aktivitäten der sich im Sommer 1933 neu formierenden Gruppen Roter Studenten. Eng damit verbunden war auch das ständige Bemühen, mit den Positionen der in der Illegalität kämpfenden KPD und den Ergebnissen der Verständigung unter den Roten Studenten an die Öffentlichkeit zu treten, die Existenz illegal kämpfender antifaschistischer Studenten zu demonstrieren, neue Anhänger und Sympathisierende zu gewinnen. Neben einer Vielzahl einzelner Flugblätter und Aufrufe wurden 1934 regelmäßig die »Antifaschistische Korrespondenz«, die Schrift »Der Sozialist«, der studentische »Informationsdienst« und in einzelnen Heften »Der Rote Student« herausgegeben. Um Herstellung und Herausgabe der illegalen Publikationen machten sich insbesondere Gerhard Fuchs, Klaus Gysi, Wilhelm Girnus und andere verdient. Klebezettel und Flugblätter nahmen vorwiegend auf aktuelle Anlässe Bezug. Sie wurden, in einer Auflage von etwa 200 bis 300 Stück hergestellt, in Hörsälen auf Bänken und in Büchern abgelegt, in Telefonzellen, Toiletten usw. angebracht oder an andere von vielen Personen aufgesuchte Plätze gelegt. Zum Teil wurden Flugblätter und -schriften auch per Post an Studenten und Mitglieder des Lehrkörpers verschickt.

Der Verständigung zu Grundfragen der Strategie des illegalen Kampfes gegen die Hitlerdiktatur sowie zur Popularisierung der Orientierung der Partei für den Widerstandskampf dienten Artikel in den illegalen Zeitungen sowie eigens hergestellte Analysen und Materialien. Insofern verfolgten die illegalen Zeitungen nicht nur das Ziel, Positionen der gegen den Faschismus kämpfenden Roten Studenten einer gewissen Öffentlichkeit bekannt zu machen. Sie waren, auch im Sinne der Leninschen Aufgabenstellung, kollektiver Propagandist und Organisator zu sein, Anleitung zur Diskussion über die von der Partei gesammelten Erfahrungen im antifaschistischen Kampf, Vermittler des notwendigen theoretischen Rüstzeugs. Zu erwähnen sind hier zum Beispiel das »Material zur Frage des imperialistischen Krieges und der Aufgaben für die revolutionären Studenten«, in dem die vom Zentralkomitee der KPD am 1. August 1934 beschlossene Resolution »Die Schaffung der Einheitsfront der werktätigen Massen im Kampfe gegen die Hitlerdiktatur« für den illegalen Kampf ausgewertet wurde, die Darlegung der Haltung der Partei zur Saarfrage in der »Antifaschistischen Korrespondenz« vom 15. November 1934 und die Erläuterung der Ergebnisse der Saarabstimmung sowie der dabei gewonnenen Erfahrungen der Partei im »Informationsdienst« vom 16. Januar 1935. Darin wurde hervorgehoben, daß trotz der Niederlage mit der Taktik der Einheitsfront jede Möglichkeit genutzt wurde, große Massen der Arbeiterschaft für den Kampf gegen den Faschismus zu mobilisieren. Völlig richtig wurde eingeschätzt, daß, obwohl dem Kampf der KPD für den Status quo kein Erfolg beschieden war, sie in diesem Kampf erstarkte. »Das ist ein entscheidendes Ergebnis des Saarkampfes, das wir über dem ›Siegesschrei‹ des deutschen Faschismus nicht vergessen dürfen ... Das Tempo, in dem sich die Krise des Faschismus zuspitzt und schließlich zu seinem Sturze führt, hängt einzig und allein von der revolutionären Arbeit, Standfestigkeit und dem Mut jedes einzelnen von uns ab!« hieß es abschließend.

Der Information und Argumentation dienten zum Beispiel auch »Der Rote Student« – Sondernummer mit dem Titel »Der deutsche Student unter Hitler«, Diskussionsmaterialien in Vorbereitung des VII. Weltkongresses der Kommunistischen Internationale 1935 sowie eine umfangreiche Analyse der Entwicklung der Wirtschaft im faschistischen Deutschland im dritten Quartal 1934.

Einen hohen Stellenwert im illegalen Kampf gegen den Faschismus erhielt die Aufgabe, sich bewußt an die Studenten zu wenden, die von der Nichteinhaltung der Versprechungen beziehungsweise Nichterfüllung weitreichender Hoffnungen durch den etablierten Faschismus enttäuscht waren. Ansatzpunkte dafür gab der immer deutlicher werdende Widerspruch zwischen der maßlosen sozialen Demagogie der Nazis und der Wirklichkeit nach Errichtung der faschistischen Diktatur. Viele der aus kleinbürgerlichen Schichten kommenden Studenten hatten erwartet, daß das Hochschulstudium jedem zugänglich sein werde, der seine Befähigung unter Beweis gestellt hatte, ohne Rücksicht auf seine Vermögensverhältnisse beziehungsweise die seiner Eltern. Dagegen stärkte das faschistische Regime mit dem bereits erwähnten »Gesetz gegen die Überfüllung deutscher Schulen und Hochschulen« durch die Einschränkung der Zahl der Studierenden das Bildungsmonopol der herrschenden Klasse unter eindeutiger Bevorzugung der ihm hörigen Kreise. Stipendien und Gebührenerlasse wurden meist nur noch »besonders zuverlässigen« Studentenfunktionären gewährt.

Alle erhalten gebliebenen Materialien belegen, daß sich die Roten Studenten sehr engagiert der Aufgabe stellten, die Lebenslage der Masse der Studenten zu analysieren. Sie zogen daraus entsprechende Schlußfolgerungen und gaben Losungen aus, die geeignet waren, die bei vielen Studenten aufkeimenden Erkenntnisse von den wahren Zielen der faschistischen Hochschulpolitik zu vertiefen, das kritische, ablehnende Verhältnis gegenüber den Parolen der faschistischen Studentenführer zu fördern und Alternativen zu zeigen.

Hier einzuordnen sind die von Horst Taleikis in seinem Erlebnisbericht geschilderten Aktionen mit dem Flugblattböller, die einer möglichst großen Öffentlichkeit demonstrieren sollten, daß die revolutionären Studenten existieren und ihr Wille, den Kampf gegen den Faschismus zu führen, ungebrochen ist. Insbesondere die Aktion am 7. November 1934, die dritte und größte Aktion innerhalb eines Vierteljahres, löste fieberhafte Aktivitäten der faschistischen Repressionsmaschinerie aus, um der Initiatoren dieser Aktionen habhaft zu werden und damit einen entscheidenden Schlag gegen den sich in vielfältigen Formen zeigenden antifaschistischen Widerstand an der Berliner Universität zu führen.

Die Universitätsbehörden, die Führungen der faschistischen Organisationen an der Universität und die Gestapo wirkten dabei engstens zusammen.

Anfang 1935 trat eine Situation ein, die eine deutliche Zäsur in der Entwicklung des antifaschistischen Widerstandskampfes an der Universität darstellt. In dem Maße, wie die Faschisten die Überwachung und Beschattung zahlreicher, ihnen im Zusammenhang mit der Bölleraktion verdächtig erscheinender Studenten verstärkte, wurde es für die führenden Persönlichkeiten der revolutionären Studenten notwendig, sich weitestgehend von der illegalen Tätigkeit zurückzuziehen.

Das Führen von einem oder mehreren Decknamen erschwerte zwar in beträchtlichem Maße die Ermittlungen der Sonderkommission. Trotzdem gelang ihr am 11. März 1935 die Festnahme von Wilhelm Girnus. Gerhard Fuchs konnte nach Prag fliehen. Die Identität von »Emil«, Erich Lodemann, wie auch einiger anderer konnte von der Gestapo nicht aufgedeckt werden. Erich Lodemanns Verhaftung im Oktober 1935 erfolgte im Zusammenhang mit seiner illegalen Tätigkeit für den Bund proletarisch-revolutionärer Schriftsteller. Wegen »Vorbereitung zum Hochverrat« wurde er zu dreieinhalb Jahren Zuchthaus verurteilt. Von der faschistischen Justiz als der »Typ eines ganz hartnäckigen Klassenkämpfers« charakterisiert, nahm er nach seiner Entlassung aus dem Zuchthaus im Jahre 1939 die illegale antifaschistische Arbeit in der von Robert Uhrig geleiteten Berliner Widerstandsorganisation wieder auf. Am 5. Februar 1942 verhaftet und im September 1944 zum Tode verurteilt, wurde er zusammen mit Werner Seelenbinder und anderen am 24. Oktober 1944 im Zuchthaus Brandenburg-Görden hingerichtet. Gemeinsam mit drei weiteren Studenten wurde Wilhelm Girnus angeklagt und am

12. März 1937 zu fünf Jahren Zuchthaus und zum Verlust der bürgerlichen Ehrenrechte auf fünf Jahre verurteilt. Er erhielt die in diesem Prozeß verhängte höchste Strafe, »da er sich«, wie es im Urteil hieß, »vor der Machtübernahme illegal für die KPD betätigt, seinen verbrecherischen Willen auch während der Schutzhaft nicht aufgegeben hat und die Art seiner Tätigkeit die gefährlichste Arbeit von sämtlichen Mitangeklagten (war). Denn die von ihm gefertigten Entwürfe zeigen, wie er es in sehr geschickter Weise verstanden hat, die grundsätzlichen Richtlinien der KPD gerade auch für die illegale Arbeit an der Universität nutzbar zu machen ...«.

Noch aus dem Untersuchungsgefängnis hatte Wilhelm Girnus seiner Mutter einen Brief geschrieben, in dem er sich voll und ganz zu seiner politischen Haltung bekannte. Darin schrieb er u. a.: »Denk daran, daß ich nicht eines gewöhnlichen Verbrechens beschuldigt bin, sondern eines politischen. Und das ist eine Sache der Auffassung und Überzeugung, und wer die Macht hat, der hat hier das Recht. Die heutige Welt ist voll Unruhe, kein einziger Mensch bleibt heute von diesem ganzen Geschehen unberührt ... Mit meinem Schicksal bin ich vollständig einverstanden. Das heutige Deutschland hat für mich keinen Platz, und ich bin bereit, das Los auf mich zu nehmen, das mir zudiktiert wird.« Wilhelm Girnus mußte ein sehr schweres Los auf sich nehmen. Nach fünf Jahren Zuchthaus verschleppten ihn die Faschisten ins Konzentrationslager, aus dem er erst 1945 befreit wurde.

Welche Bedeutung die Faschisten der illegalen Arbeit der revolutionären Studenten beimaßen, wird nicht nur aus den Urteilen sichtbar. Auch die Tatsache, daß der Chef des Sicherheitsdienstes der SS, Heydrich, am 13. November 1935 »alle Staatspolizeistellen und alle außerpreußischen Politischen Polizeien« beauftragte, über den Aufenthalt der ehemaligen Mitglieder der kommunistischen Studentenfraktion und der Roten Studenten an den Universitäten und Hochschulen Bericht zu erstatten und dabei besonderen Wert auf die Feststellung der genauen Adresse, der Tätigkeit und des Betriebes zu legen, veranschaulicht dies. Beleg dafür war auch das Verfahren gegen »Gerhard Fuchs und andere«, darunter Horst Taleikis, dem die Flucht ins Ausland geglückt war.

Nach der Verhaftungswelle ab Ende 1934 kam es, soweit sich nach dem heutigen Stand der Forschungen feststellen läßt, nicht mehr zu einem organisierten Wiederaufbau illegaler Gruppen der Roten Studenten an der Berliner Universität. Das bedeutet jedoch keineswegs, daß der Widerstand gebrochen war. Im Gegenteil, während der gesamten Zeit der faschistischen Diktatur nahmen Angehörige der Berliner Universität aktiv am Widerstandskampf innerhalb und außerhalb der Universität teil, wovon so bekannte Namen wie Lilo Herrmann, Dietrich Bonhoeffer, Georg Groscurth, Arvid Harnack, Harro Schulze-Boysen, um nur einige wenige zu nennen, Zeugnis ablegen.

August 1988   Waltraud Mehls

Inhalt

1	Das »Atelier« und meine Freunde	8
2	Erste Begegnung mit Willi	30
3	Der Flugzettelböller	49
4	Ruths Prozeß	61
5	»Heute wie 1914 ...«	67
6	Aktion auf der Funkausstellung	87
7	Illegal in Berlin	102
8	Eine »Oktoberfeier« wie noch nie	117
9	Abschied von Emil	145
Nachwort von Waltraud Mehls		151

Bildnachweis

Berliner Verlag/Bildarchiv (S. 28, 36),
Dietz Verlag Berlin/Bildarchiv (S. 12, 32, 84, 132),
Humboldt-Universität zu Berlin/Archiv (S. 19),
Institut für Marxismus-Leninismus beim ZK der SED/
Zentrales Parteiarchiv (S. 9, 42, 44, 135), St 3/648 (S. 45),
St 3/637 (S. 56, 98), St 3/640 (S. 59, 65, 69, 70, 71), St 3/638
(S. 88, 126, 140), St 3/636 (S. 93, 94, 97), St 3/641 (S. 142, 143),
Manfred Krause, Berlin (vordere Klappe), privat (11, 14, 24),
Staatsbibliothek Berlin/Archiv (S. 137, 138);
aus: Peter Altmann, Heinz Brüdigam, Barbara Mausbach-Bromberger,
Max Oppenheimer:
Der deutsche antifaschistische Widerstand 1933–1945.
In Bildern und Dokumenten, Frankfurt/M. 1984 (S. 6)
Reproduktionen: Dietz Verlag Berlin/Renate und Horst Ewald,
Institut für Marxismus-Leninismus beim ZK der SED